Angelika Kallwass

Das Burnout-Syndrom

Angelika Kallwass
mit Caroline Rusch

Das Burnout-Syndrom

Wir finden einen Weg

Kreuz

Inhalt

Für meine Mutter, der ich mein Urvertrauen verdanke.

Vorwort

Das Burnout-Syndrom ist allgemein bekannt. Es ist ein beklagenswerter Zustand von übermäßiger Erschöpfung, innerer Distanzierung, Leistungsabfall und psychosomatischen Beschwerden – es ist aber noch keine offizielle Krankheit. Uns begegnen zwar immer mehr Betroffene, aber das Beschwerdebild findet nur langsam Eingang in Beratung, Klinik und Praxis. Das Phänomen des Burnouts könnte zur schleichenden Bedrohung unserer Gesellschaft werden.

Auf die Frage »Was kann zu einem Burnout führen?« gibt es keine einheitliche Antwort. In Stichworten die häufigsten Ursachen, die im Zusammenhang mit dem Burnout-Syndrom immer wieder genannt werden: Rollenkonflikte, zu hohe Erwartungen, Mangel an Autonomie, Unklarheiten in (beruflichen) hierarchischen Strukturen, unzureichende Unterstützung durch Vorgesetzte, Beziehungskonflikte, zu großes Pensum in zu eng gestecktem Zeitrahmen, zu hohe und/oder wachsende Verantwortung, Mobbing … Die Liste äußerer Belastungen ist beliebig zu erweitern; es ist allerdings zu beachten, dass nicht jede dieser Belastungen bei jedem Menschen zu einem Burnout-Syndrom führt. Das Beschwerdebild entsteht an den Grenzen, die dem Betroffenen durch seine seelischen, geistigen und körperlichen Fähigkeiten und Möglichkeiten gesetzt sind.

Wie zeigt sich das »Ausgebranntsein«? Viele Zeichen könnten auch auf andere seelische Störungen hinweisen. Dennoch kann man nach einiger Erfahrung – auch mit sich selbst – aufmerksam werden und sich auf Warnsignale der Anfangsphase hin beobachten wie Überengagement mit nachfolgender sich ausbreitender Erschöpfungsphase, verminderte Belastbarkeit, wachsende Stimmungslabilität, zunehmende Erholungsunfähigkeit und Infektanfälligkeit, Tages- oder chronische Müdigkeit bis hin zur regelrechten Kraftlosigkeit.

In der Anfangsphase einer Burnout-Krise lassen sich noch vorbeugende Maßnahmen ergreifen. Diese beginnen mit einer gründlichen Situationsanalyse im Hinblick auf Dosierung des

Krafteinsatzes, der (überhöhten?) Ansprüche an sich selbst, der alltäglichen Illusionen im Hinblick auf Beziehungen und Beruf und einer entsprechenden Korrektur. Dann schließlich müssen psychohygienische Selbstbehandlungsmöglichkeiten überprüft und in Angriff genommen werden wie Kontakte pflegen – zwischenmenschliche Beziehungen schützen vor dem »Ausbrennen« – und gesunde Lebensführung, ausreichender Schlaf, körperliche Aktivität, gesundes Nahrungsverhalten, Hobbys …

Verpasst man die anfänglichen Warn- und Alarmsignale und gleitet in die folgenden Phasen von reduziertem Engagement, depressiven und aggressiven Reaktionen, Abbau von Leistungsfähigkeit, Motivation und Kreativität, Verflachung im geistig-emotionalen Bereich und sozialen Leben, psychosomatischen Reaktionen (z. B. Herz-Kreislauf, Magen-Darm, Muskulatur), Verzweiflung, Hoffnungslosigkeit und schließlich Suizidgedanken, so muss zwingend ein »Stop« und der Schritt in eine Psychotherapie erfolgen, also die Behandlung mit psychologischen Mitteln durch einen Psychologen oder Psychiater mit psychotherapeutischer Ausbildung. Möglicherweise ist auch eine begleitende pharmakotherapeutische Behandlung angesagt.

Doch so weit muss es nicht kommen – man kann etwas dagegen tun. Das Wichtigste ist ein ausreichender Kenntnisstand, die nötige Aufrichtigkeit und Sensibilität sich selbst gegenüber, der Wille zur Veränderung und die Nutzung aller therapeutischen Möglichkeiten.

Mit diesem Buch möchte ich den Wissensstand der Leser erweitern, indem ich verschiedene Fallbeispiele von betroffenen Personen vorstelle. Der hohe Wiedererkennungswert der bewusst in der alltäglichen Erfahrungswelt verankerten Fälle kann den Lesern helfen, ihre psychische Situation zu reflektieren, möglicherweise anzuerkennen und anderen gegenüber adäquat zu artikulieren sowie sich zu informieren und gezielte Bewältigungsstrategien zu entwickeln.

Die in drei Lebensbereiche gegliederten Fälle greifen weit verbreitete Erscheinungsformen der seelischen, privaten und beruflichen Überlastung auf, die unter dem Begriff »Burnout-Syndrom« als Summe diverser körperlicher und seelischer Beschwerden zusammengefasst werden können. In der alltäglichen

Praxis greifen diese drei Lebensbereiche stark ineinander, d.h. beruflicher Stress beeinflusst Familienleben und Partnerschaft und natürlich auch umgekehrt.

Angelika Kallwass März 2005

Teil I
Beruf und Gesellschaft

»Mir graut buchstäblich vor jedem Arbeitstag. Wer weiß, wie lange ich das noch aushalte!«

Mobbing am Arbeitsplatz

Markus, 36 Jahre, Sachbearbeiter im gehobenen Dienst, trat erst vor einem Jahr mit großer Begeisterung einen Job in einem Wohlfahrtsverband an. Seine bisherigen Zeugnisse und Referenzen sowie sein guter Studienabschluss überzeugten die Verantwortlichen, Markus sei für diesen anspruchsvollen Posten der am besten geeignete Mitarbeiter. Anfängliche Bedenken, der junge Mann sei für diese Stelle vielleicht überqualifiziert und auch der einzige Akademiker in der Abteilung, wurden wieder verworfen.

Kompetent, ruhig und umgänglich

Dass Markus fachlich äußerst kompetent, ruhig und zurückhaltend wirkte, fiel der Personalchefin angenehm auf. Nun, dieser junge Mann wird in der Finanzbuchhaltung endlich für die nötige Balance sorgen, dachte sie sich. Wobei sie andeutete, dass es dort in der Vergangenheit hin und wieder, wie sie sich etwas gewunden ausdrückte, »zwischenmenschliche Reibungen« gegeben hätte. Mehr sagte die Personalchefin dazu nicht, dabei hatte sie eine konkrete Kollegin im Auge. Katrin nämlich sorgte schon seit Jahren zuverlässig immer wieder für Verdruss – andererseits hatte sie ihr gute Beziehungen zur Chefetage, ihre Familie war mit einem der Teilhaber befreundet. So oder so – man kam an Katrin einfach nicht vorbei. Doch man hoffte das Beste und gratulierte Markus zu seiner neuen und »krisenfesten« Anstellung. Engagiert und voller guter Ideen machte der junge Mann sich ans Werk. Das war vor einem Jahr.

Berufliche Erwartungen und Ideale

Was ist mittlerweile aus Markus' Überschwang, aus Optimismus und Energie geworden? Hat sich alles so entwickelt, wie er es sich erwarten durfte? Was erwarten oder wünschen sich Arbeitnehmer von einem Ort, an dem sie immerhin den Großteil des Tages verbringen? Zum einen wünschen sich vor allem Frauen, dass zwischen den Kollegen eine positive Arbeitsatmosphäre herrscht und daraus sogar soziale Kontakte entstehen. Viele Männer hingegen streben weniger nach sozialer Harmonie als nach Leistung und beruflicher Herausforderung. Einen *fairen* Umgang jedoch wünschen sich alle Arbeitnehmer gleichermaßen: Man muss sich ja nicht lieben, wohl aber mit *Achtung* begegnen, um in einem Team effektiv und innovativ zu sein. Ein weiteres Anliegen besteht sicher darin, dass man seinen Fähigkeiten gemäß arbeiten will, dass man Verantwortung übernehmen kann, weil die *Kompetenzen* klar verteilt sind. So weit, so ideal. Doch die berufliche Wirklichkeit sieht für viele Betroffene gänzlich anders aus.

Erste Anzeichen

Seit einiger Zeit macht sich Markus' Frau Elli Sorgen um ihren Mann. Er, der nach Feierabend eigentlich immer noch gerne von der Arbeit erzählt hatte, ist in den letzten Monaten immer schweigsamer geworden. Neulich wehrte er sogar das Gespräch über seinen Tag mit einer müden, resignierten Handbewegung ab. Er sagte nur mit leiser Stimme: »Das will ich jetzt gar nicht erzählen, das macht mich bloß fertig.« Und Markus Frau Elli gab zurück: »Wieder Katrin? Habt ihr euch nach eurem ersten Krach denn gar nicht mehr einigen können?« Markus nickte mit bekümmertem Gesicht. Und Elli fand es zunehmend beunruhigender, wie abgekämpft Markus in letzter Zeit aussah. »Meinst du, das kommt jemals wieder in Ordnung? Was sagen denn die anderen Kollegen dazu?«, fragte sie ängstlich. »Jaja, die sagen nichts, wie immer«, erwiderte Markus und begann zu essen – allerdings ohne allzu großen Appetit. Danach verkroch er sich wortlos hinter seiner Zeitung, anstatt wie sonst noch mit seinem Sohn Daniel eine große Runde »Feuerwehr« zu spielen.

Symptome erkennen

Die Partner gewinnen weitaus eher den Eindruck, etwas stimme gravierend nicht (mehr), als es sich die Betroffenen selbst eingestehen wollen. Jene Menschen, die am Arbeitsplatz (Mobbing-) Probleme haben, tendieren dazu, diese mit sich auszumachen, um die familiäre Atmosphäre nicht unnötig damit zu belasten. Rückzugstendenzen, Energielosigkeit und gesundheitliche Probleme, die chronisch zu werden drohen, sind alarmierende Anzeichen. Natürlich wird ein einfühlsamer Partner *gezielt* das Gespräch suchen. Und Augen und Ohren weiterhin offen halten: Psychosomatische Symptome wie ständige Kopfschmerzen, Magenbeschwerden, Müdigkeit, Schlafstörungen und Herzprobleme können auf ein tief greifendes Problem hindeuten. Konzentrationsstörungen, Versagensangst und extreme Verunsicherung gehen damit oft Hand in Hand. Für sich genommen mag das eine oder andere dieser Symptome zunächst harmlos und alltäglich sein, in der Summe oder chronifiziert jedoch sind dies Symptome, wie Mobbing-Opfer sie zeigen.

Was ist los mit dir?

Die 35jährige Elli, eine energische junge Frau, ist niemand, der passiv einer problematischen Entwicklung zusieht. Anfangs jedoch nahm sie die Schlaflosigkeit und zunehmende Nervosität ihres Mannes nicht so ernst. Elli machte vielmehr die verhältnismäßig lange Anfahrt mit dem Zug sowie die anstrengende Arbeit dafür verantwortlich. Die Computer-Systeme des Verbandes wurden nämlich umgestellt und Markus sollte einen möglichst reibungslosen Ablauf sowie die pünktlichen Gehaltsauszahlungen überwachen. Das war natürlich eine Herausforderung …

Doch als Markus selbst am ersehnten Wochenende gar nicht mehr richtig ausspannen konnte, sondern kränklich, bedrückt und blass auf der Couch saß, ohne sich auf irgendetwas richtig konzentrieren zu können, wurde ihr die Sache langsam unheimlich. Geradeheraus fragte ihn Elli: »Wirst du etwa gemobbt? Sag bitte die Wahrheit.« Markus überlegte eine Weile, seufzte dann tief – und nickte.

Ein Streit eskaliert

Elli wusste schließlich, dass die Kollegin Katrin ihrem Mann seit einer *Kompetenzstreitigkeit* Steine in den Weg zu legen versucht hatte. Wobei man die Stimmung zwischen beiden schon von Anfang an nicht besonders positiv nennen konnte. Markus seinerseits blieb passiv und geduldig, während er insgeheim hoffte, der schwelende Konflikt würde sich mit der Zeit von selbst erledigen. Der junge Mann war sogar immer ganz besonders höflich und zuvorkommend zu Katrin. Umsonst. Diese Mitarbeiterin schien eine besondere Abneigung gegen Markus im Besonderen wie gegen Akademiker im Allgemeinen zu hegen. Davon hatte Markus indes schon bald mit viel sagendem Augenrollen von anderen Kollegen erfahren. Mittlerweile allerdings kam es ihm allerdings so vor, als zögen diese, was ihn betreffe, mit Katrin an einem Strang.

Mobbing-Kriterien

Oder anders gefragt: Ist man inzwischen mit dem Begriff »Mobbing« nicht auch manchmal zu schnell bei der Hand? Bei einem einmaligen Ausrutscher oder einer gewissen Antipathie zwischen Kollegen wird man noch nicht von Mobbing sprechen können. Denn dazu gehört vor allen Dingen ein bewusst oder unbewusst eingesetztes *System*, welches das *gezielt gewählte* Opfer über einen längeren Zeitraum zermürben soll. Wie nun sieht das konkret in Markus' Fall aus?

Bereits während der Einarbeitungszeit hatte ihm Katrin, die durch ihre Position und Funktion im Besitz wichtiger Informationen ist, diese, wo immer möglich, vorenthalten. Nur zu verständlich, dass Markus dadurch hin und wieder vermeidbare *Fehler* unterliefen, die ihm Kritik seitens seiner Vorgesetzten eintrugen. Auf seinen Einwand hin, Katrin verfüge über die nötigen Informationen und habe sie ihm trotz mehrmaliger Aufforderung nicht mitgeteilt, schwiegen die Vorgesetzten betreten und dachten: O je, geht *das* schon wieder los. Ihre berühmten guten Beziehungen »nach oben« indes machten Katrin zu einer scheinbar unangreifbaren Person – obwohl sie seltsamerweise weder besonders tüchtig noch erfolgreich war. Seit Jahr und Tag saß sie auf immer demselben Posten.

Kleine und große Schikanen

Weiterhin versuchte Katrin, den neuen Kollegen, der ihr sogar übergeordnet war, auf jede erdenkliche Weise zu ärgern. So schloss sie gerne demonstrativ das Fenster, das er soeben geöffnet hatte. Oder sie reagierte stets mit »genervtem« Gesichtsausdruck und Herablassung auf seine Anweisungen. Auf seinen Gruß erwiderte sie nur ein brummiges »Guten Tag«, ignorierte Markus manchmal sogar, als habe sie ihn nicht richtig verstanden. Oft stellte Katrin sich dumm und fragte dreimal nach – so, als habe er sich fachlich unbeholfen ausgedrückt. Da sie dieses unverschämte Verhalten jedoch in aller Regel nur dann an den Tag legte, wenn die beiden sich alleine begegneten, konnte Markus dafür leider auch keine Zeugen benennen. Ebenso wenig hatte er bislang *konkrete Beweise* für seine mit Recht geäußerte Vermutung, Katrin halte ihm wichtige Schlüsselinformationen vor. Kurz: Es verging kein Tag, an dem Katrin ihm nicht irgendwie »in die Suppe spuckte.« Sie machte das sehr geschickt und zog auch etliche Kollegen auf ihre Seite. Zu dem Zeitpunkt wusste Markus noch nicht, wie schlecht sie hinter seinem Rücken von ihm redete. Der Neue sei kein bisschen durchsetzungsfähig, er sei arrogant und sowieso überqualifiziert und habe seine Sache nicht im Griff. Sie, Katrin, hätte das alles natürlich viel besser gekonnt! Es war nur eine Frage der Zeit, bis einige KollegInnen ihr glaubten. Schließlich war Markus nicht die oder der erste auf diesem Posten, den Katrin nicht leiden konnte. Und alle hatten sie vor dieser Frau klein beigegeben. Das gab Katrin ein Gefühl von Macht, das ihr sehr gut tat.

Mobbing-Basics

Hier liegt ein klarer Fall von Mobbing vor. Obwohl das Wort inzwischen ebenso geläufig wie »Riesterrente« oder »Steuererklärung« ist, stellt diese *gezielte und systematische, oft auch subtile Aggression am Arbeitsplatz* ein zwar häufiges, aber dennoch immer noch unterschätztes Phänomen dar. Diese »Volkskrankheit« fängt schon in den Schulen an.

Der Begriff *mobbing* kommt aus dem englischen *to mob*, was Anpöbeln oder Bedrängen bedeutet. Keineswegs ist dieses Verhalten ein Phänomen des ausgehenden 20. Jahrhunderts. Kompetenzrangeleien und Eifersüchteleien hat es immer schon gegeben, ebenso natürlich üble Nachrede, Verunsicherung und schließlich das »Hinausekeln«.

In Zeiten zunehmender Verunsicherung in der Arbeitswelt, in Zeiten betriebsbedingter Kündigungen, hoher Arbeitslosigkeit und einer Furcht vor wirtschaftlich schweren Zeiten nehmen solche Verhaltensweisen erst recht zu. Mobbing-Experte Heinz Leymann definiert das Phänomen folgendermaßen: *Mobbing sind negative kommunikative Handlungen, die gegen eine unterlegene Person gerichtet sind, die sehr oft und über einen längeren Zeitraum hinaus vorkommen und damit die Beziehung zwischen Täter und Opfer ausdrücklich kennzeichnen.*

Mobbing-Phasen

Die *erste Phase* beginnt oft mit einem *Konflikt*, den die betreffenden Parteien nicht oder nicht rechtzeitig offen und produktiv ausgetragen haben. Zu einem früheren Zeitpunkt hätte man die Angelegenheit wahrscheinlich noch gütlich bereinigen können. Nun jedoch bauen sich Aggressionen und Machtspiele auf der einen und auf der anderen Seite die Defensive (Verteidigungshaltung) und Verunsicherung auf.

Die *zweite Phase verstärkt* die Sticheleien, Angriffe etc., denen sich auch oft andere, bislang Unbeteiligte anschließen. Das Opfer wird durch diese Vorgehensweise systematisch verunsichert und ausgegrenzt. Es tendiert immer mehr zur Verteidigungs- oder Schutzhaltung, verliert sein fachliches und menschliches Ansehen und wird sukzessive zum *Außenseiter* gestempelt.

Die *dritte Phase*: Das Leid wird quasi *öffentlich*. Durch die ständige Belastung und Verunsicherung steigt der Stresspegel der Betroffenen gewaltig an. Fehler sind unter diesen Umständen beinahe unvermeidbar. Nun beginnt ein Teufelskreis, weil sich auf diese Weise natürlich immer mehr »berechtigte« Kritikpunkte finden lassen. Ist es erst einmal so weit, dann lässt sich mit guten Worten allein längst nichts mehr ausrichten.

Wenn Markus Glück hat, wird es zur *vierten und letzten Phase* erst gar nicht kommen. Dann nämlich gibt der Gemobbte auf, er kündigt, geht in den Krankenstand oder lässt sich, falls möglich, in eine andere Abteilung versetzen.

Mobbing ist unwirtschaftlich

Jede(r) kämpft also um seine Pfründe – und dies nur allzu oft mit unfairen Mitteln. Eine Publikation im Internet »wirbt« gar mit dem verlockenden Titel »Mobbing von A – Z. Wie Sie sich erfolgreich gegenüber Kolleginnen durchsetzen«. Es gibt »geborene« Mobberinnen wie Katrin, doch natürlich mobben sich auch Männer gegenseitig. Azubis können aufgrund ihrer niedrigen hierarchischen Stellung auch ein Lied davon singen. Ebenso mobben Chefs unliebsame Untergebene – laut einer Studie der IG-Metall sei für ein Drittel aller bekannten Mobbingfälle die Chefetage verantwortlich. Am häufigsten und schlimmsten sei das Problem in Angestelltenberufen auf Grund des besonders ausgeprägten Kompetenzgerangels.

Mobbing ist nicht nur psychisch belastend, sondern vor allem ökonomisch *kontraproduktiv*: Die negativen Folgen eines systematischen »Fertigmachens« schlagen sich keineswegs nur beim Mobbingopfer selbst nieder. Gravierende Nachteile können auch dem Betrieb entstehen, weil Millionenschäden durch Mobbing verursacht werden. Warum? Der Arbeitsprozess gerät ins Stocken und verliert an Effizienz und Transparenz, wenn Mitarbeiter systematisch und vorsätzlich von Entscheidungen und Informationen fern gehalten oder sogar gezielt fehlgeleitet werden. Mobbing wirkt als Bremsklotz für jedes Unternehmen! Um es noch einmal ganz klar zu sagen: Mobbing ist gezielter *Psychoterror* – und noch nicht einmal die Vorstandsetagen sind davor gefeit: Grabenkämpfe gibt es überall. Dieser Stress addiert sich zu dem ohnehin im Berufsleben vorhandenen und zeigt bald seine verheerenden Wirkungen: Bis hin zur Arbeitsunfähigkeit kann sich die seelische und daraus resultierend die körperliche Belastung der Betroffenen steigern.

Rechtzeitig handeln

Bevor Markus' Symptome weiterhin zunehmen, bevor ihm Erschöpfung und Versagensangst alle Lebensfreude und Arbeitslust vollkommen vergällen, sollte er präventiv, bzw. rechtzeitig handeln. Vor ihm liegt ein Kampf, den er mit genügend *Kraftressourcen* führen sollte. Das Gespräch und der Rückhalt der Familie ist in einem solchen Fall besonders wichtig und hilfreich. Die Kapitulation, sprich, die Kündigung oder Versetzung sollte der allerletzte Ausweg sein.

Zunächst gilt es, sich der *Lage* und ihrer *Ursachen* bewusst zu werden. Ist es wirklich Mobbing oder bin ich selbst nur so überempfindlich und extrem misstrauisch? Welche Demütigungen passieren eigentlich jeden Tag? Markus, der sich letztes Wochenende eingehend mit seiner Frau über diesen zermürbenden Zustand unterhalten hat, hat sich einverstanden erklärt, ein *Mobbing-Tagebuch* zu führen. Dazu gibt es sogar im Internet eine passende Software. Manche Mobber werden ihrerseits schnell unsicher, wenn sich das Opfer offenkundig zu *wehren* beginnt. Mobber sind willentlich »böse« – gleichzeitig unsicher und feige. Und sie suchen sich immer Menschen aus, die sie für unterlegen *halten*.

Psychogramm eines Mobbers

Es ist sinnvoll, sich seine »Feinde« immer genau anzusehen und so viel wie möglich über ihre Motive zu erfahren. Katrin ist nämlich keineswegs eine selbstsichere Frau – außer in Gegenwart von schüchternen oder zurückhaltenden Personen. Sie möchte unbedingt erreichen, dass Markus sich ihr gegenüber als unterlegen *erweist*, weil sie frustriert und voller Neid auf alle Akademiker ist. Warum? Immer noch kann sie es nicht verwinden, dass ihr Vater ihr das Gymnasium nicht erlaubte, und zu diesen Zeiten hielt man sich an ein solches »Verbot« noch. Katrin hätte sich nichts sehnlicher gewünscht, als das Abitur zu machen, eine Hochschule zu besuchen und Betriebswirtschaft zu studieren – intellektuell wäre sie auch ohne weiteres dazu fähig gewesen. Katrin fühlt sich seither deshalb minderwertig. Niemals konnte sie diesen Verlust wirklich verkraften oder kompensieren – zumal sie in ihrer Position ihre Aufstiegschancen längst ausgeschöpft hat. Ein junger, im persönlichen Umgang unsicher wirkender Mann wie Markus kommt ihr daher gerade recht. Ihn kann Katrin »terrorisieren« – denn, so ihre zunächst auch richtige Einschätzung der Lage: er wird sich wohl nicht wehren.

Psychogramm eines Mobbingopfers

Ein Mobber muss auch das passende, *passive* Opfer finden. In aller Regel sind auch diese keine sehr selbstbewussten Menschen, sondern gutmütig, etwas zögerlich, wenig konfliktfähig und lieber bereit, sich zu ärgern und zurückzustecken, als aggressiv seine Rechte einzufordern und dadurch unliebsam aufzufallen. Es ist nicht zuletzt Markus' *Konfliktscheu*, die es Katrin so leicht macht. Da Elli dies längst ahnt, versucht sie Markus immer wieder dahin gehend zu bestärken. Er solle sich nicht fürchten, sondern endlich einmal den Stier bei den Hörnern packen. Er müsse es riskieren, auch einmal unbequem zu sein. Wir sehen, in dieser unbekömmlichen Situation ist auch seitens des Opfers *Selbstkritik* einzufordern. Denn Markus trägt ebenfalls seinen Teil dazu bei.

Strategien zur einvernehmlichen Lösung

Zuerst ist Konfliktlösung *ohne Einmischung* von außen angesagt. Markus sollte deshalb Katrin zunächst um ein Gespräch unter vier Augen bitten und dies möglichst vorher trainieren, z. B. in einer Selbsthilfegruppe oder in Kursen der Krankenkassen etc. Wichtig sind: feste Stimme, gute Haltung und sachliche Argumente. Er sollte sich möglichst nicht provozieren lassen. Markus sollte die Sache auch beim Namen nennen: Mobbing heißt das, was Katrin tut. Je nachdem, wie souverän er reagiert, bzw. endlich aktiv *agiert*, kann er diesem Missstand beikommen.

Hat dies keinen Zweck, bitte nicht aufgeben! Dann sollte ein *Gespräch zu dritt* stattfinden – entweder mit der entsprechenden Person vom Betriebsrat oder dem Chef. Doch hier gilt es, zunächst vorsichtig das Terrain auszuloten: Es macht nur Sinn, wenn es sich um eine neutrale, zur Vermittlung bereite Partei handelt. Findet ein solches Gespräch in produktiver Weise statt, hat der Betriebsrat oder Mobbing-Beauftragte etc. die Pflicht nachzuhaken, ob sich die Situation verbessert hat. Ist dies nicht der Fall, so bleiben noch *rechtliche* Schritte.

Wichtig jedoch ist, dass Markus Konflikte leichter führen und auszutragen lernt und an seinem Auftreten intensiv arbeitet. Er ist fachlich hervorragend – und daraus kann er eine Selbstsicherheit ableiten und sie nach außen mehr signalisieren.

Rechtliche Schritte

Im ungünstigsten Fall müsste Markus schließlich eine *Beschwerde* an den Betriebsrat, bzw. Personalrat einreichen. In kleineren Betrieben ohne Betriebsrat sollte man zuvor einen Rechtsanwalt konsultieren, mit dem man sich zuvor über ihre *Erfolgsaussichten* abgesprochen hat. Die wichtigste Frage dabei lautet: Hat Markus denn *Zeugen* für Katrins Verhalten? Die *Beschwerdeinstanz* ist der nächst höhere Vorgesetzte – mobbt gar der Chef, so wendet man sich an die Geschäftsleitung.

Wird der Arbeitgeber hingegen nicht tätig und ändert sich nichts an der misslichen Situation, so ist der zweite Schritt, die partielle oder völlige *Arbeitsverweigerung*, berechtigt. Ist eine Versetzung in eine andere Abteilung ausgeschlossen, so darf der oder die Betroffene nach einer entsprechenden schriftlichen *Vorankündigung* zu Hause bleiben, wobei ihm sein Gehalt weiter zusteht. Nützt auch dies nichts, so hätte Markus das Recht, aus wichtigem Grund nach § 626 BGB seinen Arbeitsvertrag fristlos zu kündigen und sein bisheriges Gehalt als Schadenersatz weiterzufordern. Wie gesagt, dies gilt nur für eine *klare Beweislage*, die eine rechtliche Reaktion aussichtsreich macht. Falls diese nicht gegeben ist, sollte man sich vermehrt darum kümmern, verlässliche Zeugen für das Mobbing zu finden.

Therapeutische Hilfestellung

Markus muss an sich arbeiten – unabhängig von der nötigen Klärung der akuten Situation. Markus gehört zur Gruppe der Mobbingopfer, die passiv und wenig durchsetzungsfähig sind, anderen keine Grenzen setzen können und dann tatsächlich Opfer der äußeren Umstände werden. Ihm ist eine Gruppentherapie mit begleitendem Selbstbehauptungstraining zu empfehlen. Dort lernt er, »Nein« zu sagen und sich durchzusetzen statt Auseinandersetzungen zu vermeiden und sich zurückzuziehen.

Stress – Immer unter Druck

Lotti, 40, ist eine ansprechende, attraktive Frau, die ihren Mitmenschen aber vor allem durch einen angespannten Gesichtsausdruck auffällt. In ihrem Beruf als Realschullehrerin für Deutsch und Geschichte ist Lotti nun schon seit vielen Jahren tätig. Das Kollegium funktioniert so weit gut zusammen, wenn natürlich auch einige »hyperperfekte« Kollegen und Kolleginnen darunter sind. Darüber hinaus hat man kaum privaten Kontakt. Lotti ist das auch ganz recht so.

Erschöpft und ausgelaugt

Seit langem schon fühlt Lotti sich von ihrem Beruf ausgelaugt. Fragt sie sich in einer ruhigen Sekunde, wie lange das nun schon so ginge, so kommt sie dabei auf ein paar Jahre. Oder empfand sie ihren Beruf eigentlich nicht schon immer als eher anstrengend? Lotti weiß es schon gar nicht mehr – kommt sich nur vor wie ein Hamster im Rad, ohne Lichtblicke, Erfolgserlebnisse, ohne Kraft. Anstatt wie früher wenigstens mit ihren Schülern einigermaßen zurechtzukommen – oder zumindest diesen Anschein zu erwecken –, graut ihr nun vor jedem Montag aufs Neue. Anders als früher geht Lotti nicht mehr gerne zur Schule. Bei der Aussicht, bis zur Rente tagaus tagein in der Klasse zu stehen, Schulaufgaben zu korrigieren und stets souverän agieren zu müssen, kommen ihr an schlechten Tagen fast die Tränen. Doch aufhören geht natürlich nicht.

Erholungsphasen sind rar

In den Ferien schiebt Lotti die Erledigung der Stapel von Klassenarbeiten vor sich her – und findet dennoch nicht zur dringend notwendigen Erholung. Am liebsten säße sie nur auf ihrem Sofa und starrte ins Leere. Lotti ist immer so müde, möchte keinen

Menschen sehen, sondern sich am liebsten nur verkriechen oder schlafen. Während der Schulzeit aber leidet die Lehrerin unter massiven Einschlafproblemen. Oft liegt Lotti dann nachts wach und kommt dabei unweigerlich ins Grübeln. In letzter Zeit griff sie dann vermehrt zu Schlaftabletten – wohl wissend, dass das keine Lösung, sondern eine gefährliche Täuschung ist. Andererseits fühlt sie sich nach der Einnahme tagsüber fast angenehm »benebelt«, was zur Folge hat, dass sie sich nicht mehr über jede Kleinigkeit aufregt. Denn sie will um keinen Preis der Welt unangenehm auffallen oder gar inkompetent wirken. Sonst, so ahnt sie, würden durchaus ein paar Kollegen über sie »herfallen«, denn gerade beliebt ist Lotti nicht. »Lotti ist schon ein bisschen komisch«, heißt es von ihr hinter vorgehaltener Hand.

Lehrerlast

Die Lehrerin Lotti ist mit ihren psychischen und körperlichen Problemen und mit dem Gefühl von Aussichtslosigkeit und physischer wie psychischer Erschöpfung nicht allein. Jeder zweite Lehrer in Deutschland leidet unter psychischen und physischen Problemen, jeder dritte unter einem ausgesprochenen Burnout-Syndrom. Diese Störung betrifft vor allem Menschen, denen im Beruf ein hohes Maß an Einsatz und Einfühlung abverlangt wird, ungeachtet der konkreten Tätigkeit. So finden sich neben Menschen in Heil- und Pflegeberufen, wie Altenpfleger und Krankenschwestern, auch Juristen oder Steuerberater unter den Betroffenen. Man fühlt sich wie ausgebrannt und zunehmend unfähiger, den Anforderungen seines anspruchsvollen Berufes adäquat zu begegnen. Das ebenso gängige wie alberne Vorurteil, Lehrer führten »ein schönes Leben und hätten andauernd frei«, löst sich bei näherem Hinsehen in Luft auf. Vor allem in der heutigen Zeit, in der die Schule nicht nur den *Bildungsauftrag* erfüllen, sondern manchmal auch das Elternhaus ersetzen muss, was die Vermittlung von Sprach- und Lernkompetenz und darüber hinaus von *Werten* wie Fairness, Disziplin oder Höflichkeit anbelangt.

Der Lehrer als Sündenbock?

Lotti empfindet sich als eine Art Sündenbock, der zwischen Kollegen, Schülern, Eltern und den Lehrplänen förmlich aufgerieben wird. Von ihren einst so hoch fliegenden Idealen ist nur noch so viel geblieben, dass sie sich selbstverständlich nach wie vor bemüht, die ihr anvertrauten Schüler das Klassenziel erreichen zu lassen. Motivation, Einfühlsamkeit und Begeisterung hingegen sind weitgehend auf der Strecke geblieben. Zynismus macht sich breit sowie eine negative Einstellung zu den Schülern. Der Schulalltag von Lehrern wird zusätzlich erschwert angesichts von Zivilisationskrankheiten wie AD(H)S (Aufmerksamkeitsstörung, Hyperaktivität), angesichts viel zu großer Klassen, Lehrermangel sowie gravierender Sprach- und Ausdrucksprobleme ihrer Schüler. Kurz und gut: Lotti erledigt ihre Arbeit inzwischen mechanisch, ohne dabei Freude oder Befriedigung zu empfinden.

Schwierige Ausgangspositionen

All dies sind Aspekte des Lehrerdaseins, unter denen sehr viele Lehrerinnen und Lehrer leiden. Nicht selten entwickelt sich bei passender seelischer *Disposition* daraus ein Burnout-Syndrom – ein mehrdimensionales Phänomen. Niemand wird leugnen können, dass die Situation an den Schulen immer schwieriger geworden ist. Oder dass es gravierende Probleme wie z.B. die um sich greifende Perspektivlosigkeit auf Seiten der Jugendlichen gibt. Insbesondere Lehrer, die diesen Beruf in jungen Jahren aus Idealismus gewählt haben und sich nicht darüber klar waren, was dieser tagaus, tagein bedeutet, leiden unter dieser Situation. Hier ist auch die Politik gefragt, z.B. in der Planung von Gesamtschulen, die dann in der Tat ein fehlendes häusliches Umfeld und soziale Kontakte bis hin zum gemeinsamen Essen in der Schulkantine, Hausaufgabenbetreuung etc. ersetzen können. Dass dies wiederum Mehrarbeit und Mehrbelastung für die Lehrer bedeutet, liegt natürlich auf der Hand. Selbstverständlich gibt es LehrerInnen, die mit Elan bis zur Rente arbeiten, die sich niemals ausgebrannt und resigniert fühlten. Diese Menschen gehen mit ihrem Alltag professioneller um als Lotti und andere Betroffene: Sie wissen um ihre Grenzen und holen sich schneller Hilfe von außen.

Psyche und Überforderung

In Lottis Fall wird diese potenzielle Überforderung durch ihre *psychische Struktur* eher verstärkt als abgefangen. Lotti hatte beim Lernen immer schon zu kämpfen. Bereits im Studium tat sie sich mit ihren Fächern Geschichte und Germanistik sehr schwer. Insbesondere bei Interpretationen versagte ihr jegliche Vorstellungskraft, Referate waren ihr ein Gräuel. In diesem Stadium wäre bereits eine *Anti-Stress-Prävention*, z. B. in Anti-Stress-Seminaren anzuraten gewesen. Je früher man nämlich die Gefährdung zur Überforderung erkennt, desto besser.

Zwangsstörungen

Bereits als junges Mädchen hatte Lotti Konzentrationsprobleme. Weshalb? Weil ein nicht geringer Teil ihrer Kraft und Fähigkeit zur Konzentration, seit sie denken konnte, von diversen *Zwängen* absorbiert wurde. Darunter finden sich z. B. Kontroll- und Zählzwänge, um diffuses »Unheil« abzuhalten.

Mittlerweile hat sich Lotti fast daran gewöhnt. So sehr jedenfalls, dass sie sich ein Leben ohne diese permanente Überforderung und die Zwänge im Grunde kaum noch vorstellen kann. Für sie ist diese Welt selbstverständlich.

Dennoch hat Lotti seinerzeit alles daran gesetzt, ihr Studium erfolgreich zu beenden – wider alle Probleme, von denen ihre Kommilitonen keine Ahnung hatten. Wie viel Einsatz und Konzentration sie alles, selbst die unwichtigste Hausarbeit kostete, war für die anderen nicht nachvollziehbar. Denn Lotti wollte sich niemandem anvertrauen, mit keiner Menschenseele über ihre Sorgen und vor allem nicht über die Zwänge, die ihr Leben fest im Griff hatten, sprechen. Nicht genug, dass Lotti den nicht geringen Anforderungen ihres Lehramtsstudiums zu begegnen hatte, musste sie auf diesem seelischen »Nebenschauplatz« noch um die nötige Gelassenheit und Energie beständig kämpfen. Lottis Freundinnen Anna und Sibylle wunderten sich daher oft, wie das scheinbar Geringste ihrer Freundin einen wahren Kraftakt abnötigte.

Kontrolle und Nähe

Lotti kommt aus einem schwierigen Elternhaus. Der heute von ihr sehr bewunderte Vater verließ die Familie, als Lotti noch ein Kleinkind war. Er ging in die Großstadt, wo er rasch eine neue Partnerin fand. Lottis Mutter schien den Verlust des geselligen und lebensfrohen Mannes nie verwunden zu haben, ihre depressive Struktur hatte von seiner Lebenslust stets profitieren können. Jetzt fand sie sich buchstäblich ihrer Lebenskraft beraubt. Lottis Mutter fand trotz mancher Versuche keinen ernst zu nehmenden neuen Partner mehr – oder wollte ihn vielleicht auch gar nicht finden.

Umso enger schloss die Mutter sich an ihre Tochter Lotti an und hatte stets Angst vor dem Tag, an dem Lotti das mütterliche Haus verließe. Lotti wurde stets ängstlich behütet – doch gleichzeitig fand sich das Kind in der Rolle einer Trost spendenden großen Schwester und empfand, war die Mutter wieder einmal verzweifelt, ihr gegenüber »mütterliche Gefühle«. Lotti konnte nicht verborgen bleiben, dass ihr Vater großes Leid über die Familie gebracht hatte, und sie war deshalb nicht gut auf ihn zu sprechen. Die Gefühle für ihren Vater wechselten immer wieder zwischen Liebe, Trauer und Hass – zumal auch sie kein anderes Männerbild, bzw. keinen Ersatzvater mehr »finden« konnte.

Vorbild

Entsprechend schwierig gestaltete sich später Lottis eigene Beziehung zu Männern. Einerseits schien ihr nun der Vater, mit dem sie erst ziemlich spät in regelmäßigen Kontakt trat, als charmant und umgänglich, sowie ganz konkret auch ein berufliches Vorbild. Andererseits war das Trauma des Verlassenwerdens – auch das ihrer Mutter – von so nachhaltigem Eindruck, dass sie Männern gegenüber äußerst vorsichtig war. Sie wollte nicht eines Tages so deprimiert dasitzen wie die Mutter. So »beschloss« Lotti sozusagen, die Kontrolle über sich selbst nicht aus der Hand zu geben. Ihr war bereits zuwider, wenn die Mutter sie nach der Schule fragte, wie es denn gewesen sei. Lotti wollte immer alles selbst entscheiden und nicht mehr ihre Mutter in alles dreinreden lassen. Auch der Entschluss, mit vierzehn Jahren ihren Vater in Hamburg zu besuchen, war gegen den Willen der Mutter gefällt worden. Lotti hatte eher oberflächliche Beziehungen, denn wenn es doch ernst wurde, hatte sie einen unwiderstehlichen Drang, der überwältigenden Nähe und Forderung zu entfliehen.

Berufswahl

Bereits in der Pubertät zeigte das überängstliche Kind, das jeden Nacht unters Bett guckte, Anzeichen einer zwanghaften Persönlichkeit. Herd zig-mal ausschalten, Angst vor Bakterien, Zahlenzwänge, um mit gehöriger Phantasie imaginierte Katastrophen – etwa dass ihrer Mutter etwas zustoßen könne – zu verhindern. Schon deshalb vermied Lotti allzu große Nähe – denn man hätte sie ja für verschroben halten können. Sie kämpfte und war fleißig, doch es war alles so schrecklich mühselig und das Referendariat derart Kräfte zehrend, dass sie schon beinahe ihren Berufswunsch aufgeben wollte. Heute bereut Lotti, dass sie sich so verbissen, wie sie alles anging, eben auch an ihren Berufswunsch geklammert hatte: Dabei las sie beispielsweise gar nicht gerne und meisterte die ellenlange, erforderliche Lektüreliste zum größten Teil nur mit Hörbüchern, was ihren Examina selbstverständlich nicht immer gut bekam.

Überforderung vorprogrammiert

Ihr Vater indes redete ihr stets zu diesem Beruf zu. Kein Wunder, ihm war er immer leicht gefallen und Erfüllung gewesen. Lottis kompliziertes Wesen war ihm lieb, aber gänzlich fremd. Er zeigte auch, seiner Art gemäß, wenig Interesse an der Persönlichkeit seiner Tochter. Dazu war dieser Mann zu egozentrisch. Außerdem erinnerten ihn Lottis unsichere oder deprimierte Anwandlungen auf unangenehme, schuldbewusste Weise an seine erste Frau. Kamen irgendwelche Klagen, wechselte er daher umgehend das Thema. Er liebte seine Tochter, aber er überforderte sie auch intellektuell – ohne zu begreifen, dass sie nur mühsam hinterher hechelte, wo er und viele andere sich mühelos bewegten.

Kampf ums Durchhalten

Das konnte Lotti also immer schon hervorragend: sich selbst permanent unter Druck setzen, bis sie schließlich schwere Stress-Symptome entwickelte. In ihrem Fall dürfen wir der Genauigkeit halber von *Disstress* sprechen, also negativem kontraproduktivem Stress. Schließlich gibt es ja auch eine positive Kehrseite des Phänomens, der gute Stress, der so genannte *Eustress* wie z.B. Lampenfieber. Lottis Stresssituation resultiert zum Teil aus ihrem Beruf, zum Teil auch aus ihrer Persönlichkeit. So kämpft sie Tag für Tag um das Durchhalten – und spürt doch zunehmend den Verschleiß der Kräfte. Wenn man es genau bedenkt, hat Lotti schon von Anfang an Raubbau betrieben, ja zwangsläufig Raubbau betreiben müssen. Vom Wesen her wäre Lotti viel eher ein Mensch, der die Natur und körperliche Arbeit schätzt, ein Mensch, der auch in einer weniger »intellektuell angehauchten« Atmosphäre glücklich ist. Gerade da oft besonders entspannt und glücklich. Lotti fühlt sich nämlich permanent überfordert – schon das Lesen eines Zeitungsartikels bereitet ihr mittlerweile Probleme.

Bewältigungsstrategien

Der Burnout, das buchstäbliche »Ausgebranntsein«, an dem Lotti leidet, speist sich aus zwei Quellen. An der belastenden schulischen Situation als solcher lässt sich nicht leider so ohne weiteres etwas bewegen, denn das sind leider unwägbare Faktoren. Doch was kann Lotti persönlich tun, um diesen Zustand zu ändern oder wenigstens leichter erträglich zu machen?

Fangen wir mit einfachen, aber auch *wesentlichen* Dingen an. Falls es irgendwie möglich ist, sollte Lotti für einen *körperlichen Ausgleich* in frischer Luft sorgen. Sie fühlt sich so ausgelaugt, dass schon der bloße Gedanke, sich noch in den Stadtwald aufraffen zu müssen, unvorstellbar ist. Dabei ist die regelmäßige Bewegung eine probate Möglichkeit, Stress abzubauen! Wichtig ist, dass diese Bewegung *regelmäßig* geschieht – und dass dies nicht wieder in einen Zwang ausartet, z. B. diese Strecke in einer bestimmten Zeit zu schaffen. Im Gegenteil: das Walken, Joggen oder Gehen ist ebenso wichtig wie die Umgebung mit allen Sinnen aufzunehmen.

Ferner sollte sie unbedingt gezielt *Entspannungsübungen* oder Meditationsübungen betreiben. Zu empfehlen ist das z. B. in einem Kurs der Volkshochschule einfach zu erlernende, unaufwändige *Autogene Training*, das aufgrund seiner vielfältigen positiven Effekte geradezu ein »Basis-Therapeutikum« genannt werden kann. Oder die *Progressive Muskelrelaxation* nach Jacobsen (PMR), die Teil einer Psycho- oder Körpertherapie sein kann.

Es ist auch sehr wichtig, dass Lotti sich anvertrauen lernt – und versucht, ihre Kontrolle, die sie über alles und jede Situation haben zu müssen glaubt, hin und wieder zu lockern. Ob dies allerdings ohne fachliche Hilfe ohne weiteres möglich ist, darf in diesem Fall bezweifelt werden. Druck aus dem Kollegium oder Stress wegen der abstehenden Notenvergabe etc. lassen sich leichter ertragen, wenn es einen stabilen Freundeskreis gibt. Lotti hat doch zwei langjährige Freundinnen, die ihr dabei sicherlich helfen würden.

Sollte sich die Lage indes in absehbarer Zeit nicht bessern, so ist ein Ende mit Schrecken vielleicht besser als der Stress ohne

Ende. Vielleicht könnte sie sich eine *neue berufliche Perspektive* aufbauen – ein schwieriger Schritt, der abgewägt werden sollte. Unmöglich ist dies nicht, es kommt dabei zum einen auf den Leidensdruck und zum anderen auf die Risikobereitschaft der betreffenden Personen an. An dieser Stelle ist dies jedoch nicht zu entscheiden.

Therapeutische Hilfestellung

Lottis Seele ist seit frühester Jugend durch ein Gefühl der Überforderung gekennzeichnet. Die Mutter »missbrauchte« sie in der Rolle »der Trost spendenden Schwester«, ihr Vater versuchte , sie nach seinem Bild zu formen, ohne sie in ihrem Anderssein wahrzunehmen. Sie erlebte in der Beziehung zu den Eltern Gefühle von tiefer Ambivalenz, ein Hin- und Hergerissensein zwischen Liebe und Wut. Diese Spannung versuchte sie durch Kontrollzwänge zu vermeiden, die ihr aber gleichzeitig viel Energie raubten und das Gefühl der Überforderung verstärkten. Lotti muss sich bewusst werden, dass ihr Gefühl der Überforderung ein »altes« Gefühl aus der Kindheit ist und sie muss sich dringend einer Psychotherapie unterziehen.

Unterforderung

Gunther, 37, mag sich schon kaum mehr mit seinen Freunden treffen. In letzter Zeit stört es ihn vermehrt, dass eigentlich immerzu, ob beim Ausgehen oder in der Sauna, das einzige Gesprächsthema die Arbeit ist. An sich wäre das kein Problem, denkt Gunther sich oft völlig entnervt, wollte dabei nicht einer den anderen förmlich überbieten: Wer leistet am meisten? Oder anders gesagt: Wer hat den schlimmsten Stress? Leicht behauptet – und schwer bewiesen. Nur mit säuerlichem Gesichtsausdruck und viel Geduld kann Gunther zuhören, wenn sein Freund Roland (mit nicht geringem Stolz) über Stress »klagt«. Was Roland nicht alles erledigen muss! Überstunden schieben, der Freizeitausgleich fällt meist auch flach, weil in dessen Softwarefirma einfach zu viel los ist. Roland hat eine Vielzahl von Projekten zu betreuen, am besten sollte er überall und nirgends zugleich sein. Ehrlich gesagt, kann Gunther das alles bald nicht mehr hören. An seiner Arbeitsstelle geht es ruhig zu. Viel zu ruhig, verdammt noch mal. Langweilig!

Routine

Das mag für viele Arbeitnehmer nicht so schlecht klingen – und wäre für manche Menschen eine ideale Position. Doch für Gunther trifft dies keineswegs zu: Er wünschte fast, er könnte auch über Stress und Überforderung sprechen wie die meisten seiner Freunde und Bekannten. Beneidenswert, werden Sie, liebe Leser, vielleicht an dieser Stelle denken. Wer würde nicht gerne tagaus, tagein »eine ruhige Kugel schieben«? Bleibt in Gunthers Alltag ausgeklammert, was laut entsprechenden Studien mehr und mehr Arbeitnehmer in Europa empfinden: *Stress*? Mitnichten hat er keinen – aber Gunthers ist von anderer Art. Sein Stress speist sich aus einer ganz anderen Quelle.

Sein Job als Angestellter in einer chemischen Firma – übrigens gut bezahlt – ist langweilig. Dem agilen, energischen Mann bieten sich zu wenig Herausforderungen und nur selten echte Erfolgserlebnisse. Wie denn auch?

Überkommene Strukturen

In dem Familienunternehmen mit patriarchalischer Hierarchie geht es so zu wie schon seit fünfzig Jahren, als die Firma gegründet wurde. Der Juniorchef, der Sohn des Hauses, hat immer noch nicht viel zu sagen, während der Seniorchef sich weder ernsthaft vorstellen kann, wichtige Bereiche zu delegieren noch die Verantwortung dafür aus der Hand zu geben. Mittlerweile herrscht im Betrieb ein Stillstand, der sich auch psychosomatisch nicht nur bei Gunther niederschlägt. Als er nach dem Studium dort unterkam, war er sehr froh, einen sicheren Arbeitsplatz gefunden zu haben – zumal er nicht in die Forschung gehen wollte. Gunther hatte schließlich Frau und zwei kleine Kinder zu versorgen und das Haus wollte abbezahlt werden. Seine Frau Hanna entschloss sich erst, als die Zwillinge vier Jahre alt waren, in der Erwachsenenbildung ihr Abitur nachzuholen. Mit großem Eifer ist sie bei der Sache – und Gunther beneidet sie fast um diese Freiheit des Denkens und Lernens in einem Alter, in dem andere schon jahrelang in der »Tretmühle« sind – wie er sich gerne ausdrückt.

Stressfaktoren und Gesundheit

Das erhöhte Stressvorkommen bei europäischen Arbeitnehmern oder in schnell wachsenden Entwicklungs- oder Schwellenländern hat nicht nur hierzulande die Besorgnis der Politik geweckt. Warum? Stress ist in erster Linie teuer: Viele Fehltage der Beschäftigten lassen sich auf psychosomatische Probleme wie z. B. Burnout-Erscheinungen, Depression oder diffuse Beschwerden unterschiedlicher Couleur zurückführen. Die Anti-Stress-Programme der Firmen sowie entsprechende Beratungen sind nicht billig.

Arbeitszeit und schnelllebige Zivilisation

Ob längere Arbeitszeiten als so genannte *Stressoren* wirken können, muss einer genaueren Betrachtung unterzogen werden. Mitte des 19. Jahrhunderts war eine Arbeitszeit von durchschnittlich 60 Stunden an der Tagesordnung – den Begriff »Stress« gab es damals nicht. Dieses Schlagwort bezeichnet heute eine moderne Zivilisationskrankheit. Um 1870 benannte der englische Mediziner George Beard erstmals eine Reihe neurotischer Störungen als Folge einer fortschreitenden hoch komplexen Zivilisation als »Neurasthenie«. Schon Beard machte unter anderem die *Beschleunigung* der Welt durch die Erfindung der Eisenbahn mit dafür verantwortlich. Ein vertrautes Argument, wenn man die Beschleunigung der Welt durch die modernen Technologien wie Internet, Mobiltelefone und die damit verbundenen Krankheiten und Stressfaktoren bedenkt. Und die Arbeitnehmer in Seminaren »entschleunigt« werden sollen ... Wie seriös diese Publikationen und Seminare jeweils sind, sei dahingestellt, ganz unzweifelhaft jedoch besteht da ein Zusammenhang. Der moderne Mensch weiß vielleicht nicht mehr, was Entspannung oder innere Ruhe sind. Ständige Erreichbarkeit und ständige Präsenz erhöhen die Gefahr von Stress.

Selbstläufer

Heutzutage sind Menschen auch viel eher geneigt, von Stress zu sprechen – und sich dabei beileibe nicht auszunehmen. Umfragen haben ergeben, dass die Häufigkeit von Stress direkt proportional zu der Anzahl der Befragten angegeben wurde. Warum wächst das Stressvolumen, je mehr Probanden man befragt? Ist es schon verdächtig, *keinen* Stress zu haben? Ein Arbeitnehmer oder Selbstständiger, der eigenem Bekunden nach absolut keinen Stress hat? Mit dem kann doch etwas nicht stimmen. Leistet er etwa nicht genug? In diesen Verdacht möchte möglichst niemand geraten – sondern man beteuert, man wolle sich, falls irgend möglich, ein Stündchen zum Tennis am Abend »freischaufeln«. Das impliziert eine Arbeitsflut, der man nur mit Gewalt beikommen kann – aber genau so soll es sein. Und der Stress droht zum Ehrenabzeichen zu werden.

Frustrationsschwellen und Glücksanspruch

Auch die generelle Entwicklung deutet auf vermehrten Stress hin: Der relative Reichtum der Industrieländer lässt Glück und Zufriedenheit als selbstverständlich erscheinen, Sorgen greifen die Menschen wesentlich mehr an als in Ländern, wo beständige Improvisation erst das alltägliche (Über-)Leben möglich macht. Die Frustrationsschwelle ist niedrig. Eine in anderer Umgebung normale Anstrengung wird mangels Stresstoleranz erst recht als Stress deklariert. Mit Stress hält man sich – und auch das sollte nicht vergessen werden – oft auch private oder familiäre Ansprüche vom Hals.

Ich will Stress!

So denkt Gunther, der in der Firma resigniert hat und der, anders als viele, sich komplett *unterfordert* fühlt. Er fühlt sich wirklich am falschen Platz – jetzt, wo er endlich darüber vernünftig nachdenkt. Vielleicht hat ihn auch die gewisse »Aufbruchsstimmung« seiner Frau Monika angesteckt, auch in seinem Alter nicht alles als selbstverständlich und vor allem unveränderlich hinzunehmen. Doch diese Einsicht hat gedauert: Zwei Jahre lang verlor Gunther zunehmend seine Vitalität und Energie. Er fühlte sich müde und erschöpft, als habe er »Steine geschleppt« den ganzen Tag – wir wissen, dass dem nicht so war. Die Hoffnung auf Innovationen oder veränderte betriebliche Prozesse und Arbeitsabläufe hatte sich mehr und mehr zerschlagen. Es war bitter, begreifen zu müssen, dass seine Anregungen zur Optimierung bestimmter Prozesse entweder auf taube Ohren stießen oder in irgendwelchen Ablagen verschwanden. Obwohl der Juniorchef gerne den engagierten Mitarbeiter mehr einbezogen hätte, ließ dies doch der Seniorchef kaum zu. Der Mann tat sich überhaupt gerade mit dieser »schnelllebigen« Welt schwer und hatte sich nur mit Müh und Not zu einer vernünftigen technischen Ausrüstung der Mitarbeiter bewegen lassen.

Eskalation

Dies ging so weit, dass Gunthers Magenbeschwerden schlimmer und schlimmer wurden und er schon ernsthaft um seine Gesundheit fürchten musste. Schon immer war der Verdauungstrakt seine Schwachstelle gewesen, ihm schlugen Probleme buchstäblich »auf den Magen.« Er fühlte deutlich, dass all dies mit seiner beruflichen Situation zusammenhängen müsse – schließlich hatte er im Urlaub keinerlei Beschwerden und wurde sogar hin und wieder so vergnügt und aktiv wie früher. Kaum aber saß er wieder in seinem Büro und ärgerte sich mit den verkrusteten Strukturen herum, ging es ihm schlagartig wieder schlechter. Kopfschmerzen, Sinnkrisen aller Art – und auch das sexuelle Leben des Paares litt empfindlich. Monika glaubte zu wissen, was in ihm vorging, und redete ihm eines Tages, als er wieder ohnmächtig vor Zorn zurückkam, zu, er solle sich unbedingt wieder die Annoncen und Stellengesuche in allen großen Tageszeitungen ansehen. »Ich mache im Juli mein Abi, das warten wir noch ab«, meinte sie, »aber dann nichts wie weg, Liebling. So geht es doch nicht weiter! Selbst wenn du nicht ganz so viel Geld verdienst wie jetzt – du brauchst dringend eine Herausforderung. Oder willst du in dem Laden alt und grau werden, immer frustrierter und jeden Tag noch schlechterer Laune? Willst du auch zum Heer der Burnout-Kandidaten gehören, wenn du nicht schon einer bist? Wir haben es früher mit weniger Geld geschafft, das werden wir jetzt auch können. Und ich bin ja schließlich auch noch da.«

Ansichtssache und Perspektive

In unserem Falle hat der vom Burnout bedrohte Gunther dank der nicht zu unterschätzenden Unterstützung seiner Familie vielleicht noch genügend Energie, sein Problem aktiv anzugehen. Er hat also noch nicht auf ganzer Linie resigniert. Gunther hat übrigens von Arbeitnehmern gehört, die bewusst als eine Art Mobbing-Strategie unterfordert wurden. Diese mussten, überspitzt gesagt, Akten umschichten. Er weiß, dass sich dies in seinem Fall natürlich nicht so verhält. Immer wieder hält Roland ihm vor, dass er sich doch nicht so anstellen solle. Es sei doch wunderbar, ein sicheres Pöstchen zu haben, wo man immer genau wisse, was zu tun sei. Das habe er ja noch nie gehört, dass man von einer ruhigen Kugel gestresst sein könne. »Doch«, nickt Gunther verdrießlich, »es kommt immer darauf an, in wessen Haut man steckt und wie man es sieht. Ich an deiner Stelle würde wohl viel weniger jammern – und du an meiner hättest den lieben langen Tag deinen Frieden. Lass uns einfach tauschen!«

Einordnung schwer

Das subjektive Erleben von Phänomenen wie Depressionen oder geistigen Störungen ist es, was eine genaue und medizinisch eindeutige Klassifizierung von Stress so erschwert. Um ein Beispiel zu nennen: Der eine Fussballspieler ist auf Grund verschiedener Faktoren dem beständigen Druck eben *nicht* gewachsen, während andere allenfalls unter Zerrungen oder anderen berufsbedingten Ausfallerscheinungen leiden. Für jeden Betroffenen sieht auch das subjektive Empfinden von Stress daher anders aus – selbst wenn sich manche Symptome durchaus ähneln können. Wie komplex das »Krankheitsbild« oder besser das Puzzle, woraus sich die Störung eines manifesten Burnout zusammensetzt, ist, konnten wir an anderer Stelle bereits feststellen. Was man dabei manchmal gerne vergisst: Stress in Maßen ist – wie Lampenfieber auch – ja auch eine durchaus positive Angelegenheit (*Eustress*) und gibt einer eher monotonen, vielleicht nicht in allen Aspekten befriedigenden Arbeit oft den nötigen Kick.

Stärken können Schwächen sein

An und für sich ist Gunther ein Mann, der schon immer nach Herausforderungen und Verantwortung gesucht hat. Insofern hat er sich, wie man so sagt, in den letzten drei Jahren ein bisschen »verbogen«. Gunther dachte, das wäre zu kompensieren, weil sein persönliches Umfeld so gut und stabil ist. Auch hegte er ja zu Anfang noch Hoffungen, er könne einen frischen Wind in den Betrieb bringen. Wir wissen, was daraus wurde. Gunther getraute sich aber nicht, vor sich selbst sein Scheitern oder zumindest die Gefahr eines Scheiterns zuzugeben. Er fühlte sich seiner Familie gegenüber verantwortlich – was würde Moni denn dazu sagen, wenn er plötzlich mit vielleicht neuen, interessanten – aber eben auch wirtschaftlich unsicheren Ideen ankäme? Nun, wir wissen mittlerweile, dass Moni ihm sogar dazu rät und ihn jeglicher Unterstützung versichert. Sie kennt ihren Mann und weiß, dass Gunthers Stärken auch manchmal Schwächen sein können – seine Beharrlichkeit zum Beispiel. Oder Gunthers ungebrochener Kampfeswille, der sich hin und wieder schon am ungeeigneten Objekt verschliss. Gunther ist eine Persönlichkeit, die eine Art »Nibelungentreue« besitzt. Solche Arbeitnehmer sind immer ein Verlust für die Firma – während das umgekehrt nicht unbedingt gilt. Gunther fühlt sich vor allem auch dem Juniorchef verpflichtet, weil er dessen Situation nur zu gut versteht. Auch dieser sehnt sich nach Aktivität, nach eigenverantwortlichem Handeln und Neuerungen. Auch ihm ist dies alles nicht möglich, solange sein Vater die alleinige Entscheidungsbefugnis hat.

Risiko und Aufbruch

Vor einigen Tagen suchte Gunther endlich das Gespräch mit dem Juniorchef. Er sagte ihm klipp und klar, dass es bei allem Verständnis und bei aller Verbundenheit so nicht mehr weiterginge. Er wolle sich nach einer anderen Stelle umsehen, falls sich hier nichts ändere. Und er würde eine finden, das sei gewiss. Der Junior reagierte erst einmal schockiert – doch dann beschloss er, sich selbst auch damit ein Stück in die Pflicht zu nehmen. Er musste sich mit größerer Verve als bisher um die Leitung bemühen und unbedingt mit seinem Vater darüber sprechen. Der Alte hielt viel von Gunther und würde ihn sicher nur ungern gehen lassen. Schließlich war ihm bewusst, welch großes Potenzial in dem jungen Mann steckte. So nahm sich der Juniorchef vor, alles daran zu setzen, um Gunthers Talente und Fähigkeiten der Firma zu erhalten – und ihm endlich denkbar positiven Stress zu bescheren: Verantwortung, Eigenständigkeit – und Erfolg. Wir halten in dieser Sache also beiden die Daumen …

Therapeutische Hilfestellung

Gunther ist auf einem guten Weg. Er hat die ersten Anzeichen seines Burnout-Syndroms rechtzeitig erkannt und ist nach einer Situationsanalyse aktiv geworden und damit aus dem belastenden Teufelskreis ausgestiegen. Er muss sich selbst gegenüber aufmerksam bleiben und sich immer fragen: Fühle ich mich gerade belastet? Welche Bedürfnisse und Ziele werden vernachlässigt? Welche Fähigkeiten bleiben unterentwickelt? Aus den Antworten sind Konsequenzen zu ziehen, vor allem, was die Richtung und das Ausmaß des Kräfteeinsatzes anbetrifft.

Überforderung und Orientierungslosigkeit

»So jung und schon so k.o.«, witzeln ihre Freunde am Telefon, wenn Anne, 29, Rechtsreferendarin, mal wieder vom »Abtauchen« spricht und davon, dass sie sich zur Zeit am liebsten in ihren vier Wänden vergräbt und am liebsten gar nicht mehr ans Telefon ginge. »Ruhe brauche ich, nichts als Ruhe«, ist ihre stereotype Antwort auf Vorschläge wie mal wieder eine Städtetour nach Paris zu unternehmen oder einfach nur einen Abend um die Häuser zu ziehen wie früher. Dabei ist die junge, gescheite Frau eigentlich ein geselliger Mensch und stets bereit für Unternehmungen und Aktivitäten mit ihren Bekannten und Freunden. Doch seit geraumer Zeit ist diese Behauptung nicht mehr ganz korrekt. Seit den Examina ist vieles anders geworden, ja, Anne selbst scheint sich verändert zu haben.

Herausforderung

Dabei hatte Anne tatsächlich viel Glück in letzter Zeit – zumindest sehen es die Außenstehenden so. Schon während des Referendariats arbeitete sie – im Gegensatz zu manchen anderen Kollegen, die darauf auch nicht wenig neidisch waren – in einer angesehenen Anwaltspraxis mitten in der City. Zunächst nur »das Mädchen für alles«, sprich: eine Art gehobener Bürokraft, avancierte Anne quasi durch einen »Glücksfall« zu mehr Verantwortung in eine Position, die weitaus mehr Herausforderung und Anspruch, von juristischer Erfahrung ganz zu schweigen, mit sich brachte.

Ihr Chef musste nach einem schweren Autounfall drei Monate im Krankenhaus liegen. Daher betraute er auch Anne mit der Strafverteidigung und mit heiklen Fällen, die sie für ihn vorzubereiten hatte. Dankbar und erleichtert, wie Dr. Zopf war, ließ er am Krankenbett sogar durchblicken, es sei unter Umständen sogar eine Festanstellung in der Kanzlei möglich, natürlich nur, falls das zweite Staatsexamen ein passables Ergebnis zeitige. Manche ihrer ehemaligen Kommilitonen fuhren vor Neid beinahe aus der Haut: Anne hat so unverschämt viel Glück, das dürfte es eigentlich gar nicht geben. Dabei scheint sich das Glückskind selbst gar nicht richtig darüber zu freuen. Ganz im Gegenteil, wirkt Anne ziemlich bedrückt in den letzten Monaten.

Frühe Zweifel

So ganz wohl hat sich Anne in ihrem Jurastudium allerdings noch nie gefühlt. Wenn man sie fragt, weshalb sie sich für dieses schwere, aufwändige und langwierige Studium – das längst nicht mehr die beruflichen Chancen bietet wie noch vor einigen Jahren – entschieden habe, gibt sie die ehrliche Antwort: »Ich habe darüber nicht so viel nachgedacht. Es schien mir das Vernünftigste zu sein und die Zukunft so sicher.« Dabei ist sie durch ihren analytischen Verstand, einen Sinn für Zusammenhänge, sowie durch eine große Zuverlässigkeit und ein hervorragendes Auftreten geradezu für den Beruf eines Juristen prädestiniert.

Immer erfolgreich und kompetent

Welchen Studentenjob im Laufe des Studiums die junge Frau auch annahm: Stets war man des Lobes voll über ihr Talent im Umgang mit Menschen, ihre Kompetenz und schnelle Auffassungsgabe. Niemand konnte anders als dieser jungen Frau eine eindrucksvolle Persönlichkeit zu bescheinigen. Dennoch plagten Anne schon nach dem ersten Staatsexamen gelinde Zweifel: »Bin ich wirklich ein geborener Jurist? Will und kann ich mich mein Leben lang durch Akten wühlen, mit problematischen Mandanten zu tun und eine Fülle von Gesetzestexten parat haben?« Um wirklich Klarheit über ihre Neigungen zu gewinnen, absolvierte Anne nach dem ersten Staatsexamen diverse Praktika. Eines im Medienbereich machte ihr ungeheuren Spaß, ihr damaliger Vorgesetzter war begeistert. Dennoch, so Leid es ihm auch tat: Eine feste Anstellung konnte auch er der jungen Frau nicht bieten – so gerne er das auch getan hatte. »Machen Sie doch erst Ihr Studium fertig«, meinte er, »das ist doch jetzt nur eine halbe Sache. Das ist doch schade um Kraft und Zeit, die Sie schon hineingesteckt haben.« Auch ihre Eltern redeten Anne zu. Sie hatten die Praktika nicht moniert – freilich sähen sie ihre Tochter lieber im angesehenen Anwaltsberuf als in der schnelllebigen Medienbranche. Denn, so sagt Annes Mutter lächelnd, meine Tochter ist eine sehr empfindsame Person.

Privatleben

Jeder Mensch, der Anne kennen lernt, wird dies auch bezeugen. Bei allem Humor und einer großen Portion Charme ist sie sehr durchlässig für alle möglichen Strömungen und Einflüsse von außen. Schlimme Zeitungsberichte oder Fernsehsendungen lassen sie schlaflos im Bett liegen. Manche Akte, in die sie Einsicht gewinnt, ist auch nicht gerade der Seelenruhe förderlich. Anne hat in letzter Zeit sehr abgenommen, dabei ist sie ohnehin sehr schlank. Andauernd ist sie erkältet oder fühlt sich jedenfalls angeschlagen. Doch die seelische Belastung ist weitaus schlimmer als dieses diffuse Gefühl von Müdigkeit und Überforderung: Schließlich hat sie an in ihrer Kanzleistelle mit Verbrechen zu tun – vom Betrug bis hin zu Missbrauchsdelikten und Kapitalverbrechen. »Dafür braucht man eine ganz dicke Haut«, sagte ihr der Chef immer wieder mit einem aufmunternden Kopfnicken. So, als wolle er sagen: »Das gibt sich, das kennt jeder Anfänger am eigenen Leibe«.

Keine Schwäche zeigen

Wie sehr Anne indes manches belastet, wagt sie ihm gar nicht erst zu sagen. Auch privat ist Anne in der Mehrzahl von Juristen umgeben: Ihr Freund Hannes ist ebenfalls Referendar, ihre besten Freundinnen sind vom Fach. Und alle beäugen sich genauestens, wer zuerst wo und wie Karriere macht in diesen harten Zeiten. Anne ist sehr dankbar, dass sie in dieser Situation auch noch ein paar andere gute Freundinnen kennt, die mit der Juristerei nichts am Hut haben, die aus ganz anderen beruflichen Sparten kommen. Zu der ausnehmend anstrengenden Arbeit – schließlich wurde sie quasi von einem Tag auf den anderen ins kalte Wasser geworfen – kommen immer wieder nagende Selbstzweifel. Bin ich als Juristin geeignet? Ist dieser Beruf geeignet für mich?

Ein Konglomerat von Faktoren

Wir finden hier einen Nährboden, der psychische wie physische Überlastung begünstigen kann. Je nach Art des Umgangs, je nachdem, ob dem Betroffenen der latent wirkende oder sich manifestierende Zustand wirklich bewusst wird, kann aus dieser problematischen Ausgangsposition leicht ein Burnout werden. Das Unbehagen verdrängen und einfach weitermachen ist auch in dieser Hinsicht ein großes Risiko. Das berufliche Umfeld ist meist in den wenigsten Fällen so, dass man seine Unsicherheit zeigen dürfte.

Überall wird Souveränität und Stärke erwartet, und es herrscht die unausgesprochene Erwartung, mit den jeweiligen Anforderungen so selbstständig wie möglich zurechtzukommen. Auch dann, wenn man, wie in Annes Fall, nicht in seine Tätigkeit hineinwächst, sondern von einem Tag auf den anderen wichtige Fälle betreuen muss. Ein Umstand, der Anne nicht geringe Angst einjagt – *obwohl* sie rhetorisch sehr begabt ist und ein sehr gutes Auftreten schon aus der Kinderstube mitbringt. Anne bringt an und für sich alle Voraussetzungen mit – das jedoch ist es nicht allein. Wer an ihrer Stelle würde in einer solchen Situation nicht unsicher sein oder den einen oder anderen Fehler machen?

Für Anne ist dies jedoch eine fürchterlich peinliche Angelegenheit, am liebsten würde sie sich in einem Mauseloch verkriechen. Die Kollegen und Kolleginnen im Büro kritisieren die junge Referendarin heftig, wenn etwas schief geht, leisten ihrerseits aber wenig Hilfestellung. Anne ist und fühlt sich allein gelassen. Doch was kann man machen? Alle anderen haben ja selbst den Kopf voll, seit der Chef im Krankenhaus liegt. Klappt hingegen, was selten genug vorkommt, etwas reibungslos, so wird dies als selbstverständlich angesehen und ist keines weiteren Kommentars würdig. Es gibt daher kein Lob, es gibt nur Kritik – und die wird nicht konstruktiv geäußert. Schon ein paarmal standen der sonst so beherrschten Anne die Tränen in den Augen. Sie fühlt sich abgekanzelt wie ein kleines Kind.

Burnout-Risikofaktoren

Mangelndes *Feedback* und fehlende *Rückmeldung* sind berufliche Faktoren, welche die Entstehung eines Burnout-Syndroms begünstigen können. Ebenso, wenn berufliche *Zielvorgaben und Kompetenzen* nicht klar geregelt sind. So kommt man nur allzu leicht ins Schwimmen – was aber auf der anderen Seite oft eher als Inkompetenz wahrgenommen wird. Die *Konkurrenzsituation* innerhalb des beruflichen Umfelds spielt ebenfalls eine weitere Rolle. Ebenso schlechte *Arbeitsbedingungen* oder eine monotone Arbeit.

Präventivstrategien

Was kann man tun, um eine *Eskalation* zu vermeiden? Zum einen ganz klar sagen, wenn man etwas (noch) nicht kann. Es hat überhaupt keinen Sinn, sich souverän zu geben, hinterher jedoch doppelt so viele Fehler zu machen. KollegInnen sollten andererseits auch ansprechbar sein. Die meisten Menschen trauen sich kaum nachzufragen oder gar nachzuhaken, wenn sie etwas nicht verstanden haben, weil sie sonst als inkompetent gelten könnten. Dabei kommt es auch stark auf die innere und äußere *Haltung* an, in der bei strittigen Angelegenheiten nachgehakt wird. Geschieht dies nämlich – und dies ist ein häufiges und nicht zu unterschätzendes Phänomen – etwa mit einer kindlichen Piepsstimme oder hängenden Schultern, betont schüchtern oder mit betretener Miene, so wird dies wohl als Inkompetenz verbucht werden. Wenn die Betroffenen aber an sich arbeiten, um mit ruhiger und vor allem fester Stimme, aufrechter Haltung und Selbstverständlichkeit ihre Fragen und Belange vorzubringen, kann das solche Kompetenzverwirrungen sehr erleichtern. Natürlich ist das leichter gesagt als getan.

Selbstwertgefühl

Bisher war Anne immer erfolgreich. Wenn sie an ihre erfüllte Zeit in der Radio-Redaktion denkt, könnte sie heute noch sofort ins Schwärmen geraten. Nun aber erlebt Anne zum ersten Mal in ihrem Leben so etwas wie eine »narzisstische« Kränkung. Dieses Gefühl des drohenden Versagens baut sich mehr und mehr in ihr auf – dabei sind es nicht zuletzt, das darf nicht vergessen werden, völlig normale Einarbeitungsprobleme. Anne kann jedoch nur schlecht damit umgehen, jemand zu sein, der bei läppischen Fehlern ertappt und von oben herab gemaßregelt wird. Natürlich tut das weh – einem erfolgsgewohnten Menschen wahrscheinlich mehr als einer Person, die schon so mancher Sturm »zerzaust« hat. Annes Frustrationsgrenze ist nicht besonders hoch – ihr fehlt das so genannte »dicke Fell«.

Widerstand

Des weiteren bedrückt Anne ihre momentane Tätigkeit als solche – Strafverteidigerin nämlich – psychisch ganz außerordentlich: Die Besuche im Gefängnis, die weinenden Angehörigen, die ja oft auch mit in schlimmste Dinge verwickelt sind, schreckliche Polizeifotos, Opferaussagen und stets ihre Unschuld beteuernde Mandanten – all das zerrt an ihren Nerven. Manchmal sagt sie verzweifelt zu ihren »fachfremden« Freundinnen: »Das ist nicht meine Welt! Damit will ich nichts zu tun haben. Ich will gar nicht daran denken, was sich Leute alles antun. Ich will es gar nicht verstehen. Es ist einfach widerlich. Ich muss das nicht verstehen.« Natürlich weiß Anne, dass es völlig undenkbar wäre, solche Ansichten im Büro oder gegenüber den Kollegen zu äußern. Man würde sie für hypersensibel halten – was in diesem Kontext bestimmt kein Kompliment wäre. Dabei hat sie doch ein Riesenglück, in dieser renommierten Praxis arbeiten zu dürfen. Immerhin hat sie Aussichten auf eine Karriere – oder wenigstens einen Job.

Existenzängste

Diese Ängste sind nicht nur auf die älteren Arbeitnehmer beschränkt. Die Konkurrenz ist riesig – auch bei den Juristen. Bei dem bloßen Gedanken an eine Festanstellung in der Kanzlei wird Anne einerseits ganz schlecht. Denn sie könnte diese in Anbetracht der wirtschaftlichen Situation kaum guten Gewissens ablehnen. Bei der Aussicht, nach der letzten mündlichen Prüfung arbeitslos zu sein, ergreift sie andererseits auch eine ungeheure Existenzangst. Nach einer so langen Ausbildung *arbeitslos*? Und gesetzt den Fall, sie schafft das alles nicht, war nicht die ganze teure Ausbildung umsonst? Fragen über Fragen, auf die sie keine befriedigende Antwort findet. Ihr Freund Hannes übrigens auch nicht.

Privatleben

Hannes hat sich damals in eine sehr souverän wirkende Anne verliebt – und unter vielen Verehrern »das Rennen« gemacht. Manche wunderten sich darüber durchaus: Hannes wirkt noch sehr jung, während Anne eine wesentlich größere Reife und stärkere Persönlichkeit besitzt als der gleichaltrige Mann, der auch in Beziehungen noch nicht besonders erfahren ist. Er hängt an der jungen Frau, er macht ihr Mut und sucht sie zu bestätigen: Mit der *wirklichen* Anne, die sehr sensibel, leicht deprimiert, abwehrend und verunsichert sein kann, hat er jedoch seine Probleme. In solchen Stimmungen tendiert sie dazu, sich auch von ihm zurückzuziehen – worauf Hannes stets mit Szenen und Bitten reagiert. Obwohl er sie sehr lieb hat, vermag er ihr nicht wirklich zu helfen. Für Hannes ist der Anwaltsberuf eine ausgemachte Sache, er kommt seinem nüchternen Verstand entgegen und sein Referendariat war auf der ganzen Linie erfolgreich. So hat sich auch in diesem Punkt ein gewisses Ungleichgewicht eingeschlichen. Anne möchte nicht immer jammern, da sie eine beinahe preußische Auffassung von Pflicht und Disziplin hat. Aber sie fühlt sich so fertig! Hinzu kommt, dass ihrer beider Beziehung immer schon ein Stück weit distanziert war. Die beiden jungen Leute schafften es aus verschiedenen Gründen nicht, sich wirklich aufeinander einzulassen – aber trennen mochte man sich auch nicht. Keiner ist also wirklich glücklich – und keiner von beiden unglücklich genug, um etwas grundlegend zu ändern. Leider fiel ihre Beziehung auch in die Examensphase – beide kennen es gar nicht anders als unter Stress zu stehen. Zur Ruhe gefunden haben die beiden miteinander also nicht. Es ist, so Annes bitteres Fazit, eine Unentschlossenheit auf der ganzen Linie.

Herausforderung annehmen

Sicherlich ist es gut, dass Anne ihr Studium beenden wird, sie ist bald Volljuristin. Anne sollte sich dringend darum kümmern, welche Möglichkeiten ihr als Juristin generell offen stehen – auch und vor allem im Medienbereich. So wenig ist das nicht! Auch wenn es ein harter Weg ist, Anne bringt die dafür notwendigen Voraussetzungen mit. Es handelt sich nicht nur um einen bloßen, unausgereiften Wunschtraum: Anne hat in einigen Praktika bereits bewiesen, dass ihr der Medienbereich viel besser liegt als die Anwaltstätigkeit. Ihr erworbenes Wissen, ihren Verstand und ihr Auftreten kann sie dort sicherlich ebenso gut einsetzen. Bevor Anne sich weiter leer und ausgebrannt, überfordert und vor allem fehl am Platze fühlt, sollte sie handeln. Hilfreich ist, dass Anne trotz ihrer hohen Empfindsamkeit ein Verstandesmensch ist und mit beiden Beinen auf dem Boden steht. Dieser ewigen Unentschlossenheit, die sie lähmt und ihr die Lebens- und Arbeitsfreude vergällt, sollte Anne so beherzt wie möglich begegnen – nicht zuletzt auch der privaten.

Therapeutische Hilfestellung

Anne ist ein echter »Ausbrenner«, also eine ursprünglich hoch engagierte, zielstrebige junge Frau, die sich letztlich den Stress weitgehend selbst gemacht hat. Sie hat anderen gegenüber, vor allem aber sich selbst gegenüber nicht »Nein« sagen und sich damit vor einer Überflutung und Überforderung schützen können. Sie steht am Anfang einer Burnout-Krise und sollte eine gründliche Situationsanalyse mit Hilfe einer Kurztherapie machen und dort Fragen klären wie: Wo liegt meine eigentliche Unzufriedenheit? Welche Vorstellungen sind realistisch? Stimmt meine Gegenwart mit meinen Träumen überein?

Angst um den Arbeitsplatz

Susanne, 53, fühlt sich schon beinahe wie ein Dinosaurier – wie ein Überbleibsel aus einer anderen Zeit. So sagt es die langjährige Mitarbeiterin im Bereich der Kommunikationstechnik mit einer Art nervösem Galgenhumor. Doch selbst dieser grimmige Witz ist Susanne während der letzten beiden Jahre mehr und mehr abhanden gekommen. Susanne fände ihre Situation empörend – hätte sie noch genügend seelische Kraft für ein so vitales Gefühl wie das der Auflehnung. Warum? Wenn sie sich in ihrer Abteilung umsieht, so findet sie kaum mehr Leute ihres Alters – diese sind nach und nach durch jüngere Mitarbeiter »ersetzt« worden, nur sie ist noch da. In der Chefetage allerdings sitzen Aufsichtsräte, die wesentlich älter sind als sie. Ist denn das gerecht? Gehört man denn Anfang 50 schon unwiderruflich zum alten Eisen? Wann ist sie dran, arbeitslos auf der Straße zu stehen? »Aber Susi, heutzutage ist man doch schon mit 35 Jahren uralt«, sagt ihr Mann Johann in der Absicht, seine sichtlich deprimierte Frau zu trösten. Der Handwerker ist heilfroh, selbstständig und nicht vom Wohl und Wehe eines Jugendwahns abhängig zu sein. Doch das kann doch nicht alles sein, was seiner Frau so zusetzt, dass sie so wirkt, als habe sie kaum Kraftreserven mehr.

Verunsicherung

Natürlich ist das nicht gerecht. Doch auch wenn diese Einstellungspraxis seit Jahren allerorten wortreich beklagt wird, scheint es, als verhallten die Appelle an die Wirtschaft, ältere Arbeitnehmer einzustellen, zumeist ungehört. Nach wie vor müssen vor allem Heerscharen von älteren Arbeitslosen ungeachtet all ihrer Qualifikationen erfahren, dass sie für den betreffenden Job »einfach zu alt« sind. Ihre Bewerbungen landen gleich auf einem gesonderten Stapel.

Das jedenfalls ist das Horrorszenario, das Susanne vor Augen steht, wenn sie an ihre Zukunft denkt. Sie fürchtet sich konkret davor, Opfer einer solchen Arbeitsmarktpolitik zu werden, »wegrationalisiert«. Darüber hinaus vergleicht Susanne sich andauernd mit ihren jungen Kollegen und Kolleginnen, wobei sie sich stets mit deren Augen bewertet: Zu alt, zu wenig hip, zu eingefahren in festen Bahnen, bald auf dem Abstellgleis. Immer wieder geht in der Firma das Gerücht, bestimmte Abteilungen sollten demnächst ausgelagert werden. Auch wenn Susanne nach zwanzig Jahren Betriebszugehörigkeit natürlich nicht so ohne weiteres kündbar ist, müsste sie sich unter Umständen in einem solchen Fall bestensfalls auf eine neue Umgebung, schlimmstenfalls auf diverse Schikanen wie pures Zeit-Absitzen ohne Beschäftigung etc. einstellen, wie man es von anderen Firmen immer wieder hört. Davor graut Susanne ganz ungemein.

Symptome manifestieren sich

Susanne leidet unter ihrer Situation: einer Vorstellung von Ungewissheit und einer großen Existenzangst – und all dies beschert ihr verschiedene Symptome, darunter Kopf- oder ständige Rückenschmerzen, Magendrücken. Und auch hin und wieder Angstzustände. Bei der Vorstellung, montags wieder ihren Dienst antreten und die unerledigte Arbeit noch rasch fertig stellen zu müssen, bekommt Susanne manchmal Beklemmungen, Herzrasen, und es überfällt sie ein Gefühl der Panik. Es kam sogar vor, dass sie während der Arbeitszeit eine Panikattacke bekam und an sich halten musste, damit dies nur ja niemand bemerkte. An jenem Tag gab Susanne vor, an Kreislaufproblemen zu leiden. Sie versuchte sich zu beruhigen, indem sie Schritt für Schritt arbeitete und sich jeden Arbeitsgang ganz langsam aufsagte. Das half zwar, verunsicherte Susanne jedoch so sehr, dass sie für ein paar Wochen aus dem Tritt kam. Zumal Susanne fürchtete, ein solcher Anfall könnte sich wiederholen. Johann jedenfalls sah an jenem Abend sofort, dass etwas mit seiner Frau nicht stimmte. Er seufzte. Was war denn bloß aus seiner Susi geworden?

Grübeln und Schlaflosigkeit

Hinzu kam Susannes Schlaflosigkeit. Tagsüber total erschöpft, ist abends an Einschlafen oder gar an Durchschlafen nicht zu denken, dachte sie grimmig, als sie eines Morgens im November wieder einmal wie gerädert aufwachte und es ihr noch mehr als sonst vor dem Arbeitsalltag graute. Und dann noch dieses ewige Grau vor den Fenstern, dieser fürchterliche Nebel – kein Wunder, wenn einem die Lebensfreude völlig abhanden kam. Johann beschwerte sich schon, dass Susanne, die sonst gerne abends mit Freunden oder mit ihm das Theater besucht hatte, sich zu gar nichts mehr aufraffen konnte. Seit geraumer Zeit war sie auch im Bett für jegliche Zärtlichkeit zu müde, obwohl die beiden bis dato ein schönes und befriedigendes erotisches Leben geführt hatten. War die körperliche Seite dieses Problems schon beunruhigend genug, die seelische indes war schlimmer. Vor allem deshalb, weil Susanne früher so viel Selbstwertgefühl und Energie aus ihrem Beruf hatte ziehen können. Immer war sie voller Engagement und Schwung, das Büro war lange Jahre ein Ort gewesen, auf den sie sich gefreut hatte. Nachdem von der alten, bestens eingespielten Besetzung nur sie, Susanne, übrig geblieben war, fanden kaum noch soziale Kontakte statt.

Angst vor dem sozialen Abstieg

Nun ist Susanne stark verunsichert und kann sich neben mangelnder Perspektive auch über ihre beruflichen Stärken und Schwächen immer weniger klar werden. Immerzu geistert dieses Urteil »zu alt« in Susannes Kopf herum, so häufig, dass sie sich damit ganz verrückt macht. Seit der Hartz-IV-Debatte ist es ganz besonders schlimm. Anstatt sich nüchtern und gelassen mit diesem Thema – das sie augenblicklich nicht einmal betrifft – zu beschäftigen, lässt sie sich von Meinungen und Katastrophenmeldungen zusätzlich belasten. Wirklich Bescheid weiß sie nicht, damit *will* sie sich auch gar nicht beschäftigen. Ihr reichen schon die Hiobsbotschaften aus den Medien! Der soziale Abstieg steht ihr drastisch vor Augen. Sie spricht so viel darüber, dass Johann und die beiden Töchter langsam entnervt sind. »Du musst unbedingt etwas gegen deine schreckliche Stimmung unternehmen! So machst du dich ja langsam, aber sicher fertig.« Das war vor einem halben Jahr. Mittlerweile ist Susanne womöglich noch resignierter und freudloser geworden. Allen in der Familie ist klar, dass sie Hilfe braucht – außer ihr selbst. Susanne ist felsenfest der Meinung, diese desolate und panische Stimmung sei eine ganz normale Folge der »Lage der Nation«. Mag diese auch nicht rosig sein, zu solcher Mutlosigkeit, wie Susanne sie an den Tag legt, gibt es dann doch keinen wirklichen Anlass. Johann meint zur ältesten Tochter Svenja: »Ob das eine Art Burnout-Syndrom ist? Ich hab da neulich etwas drüber gelesen. Erschöpft, deprimiert, teilnahmslos – das passt doch auf Mama.«

Bestätigung

Nicht jeder bekommt einen Burnout –diejenigen aber, die darunter leiden, weisen bestimmte Tendenzen auf, die den Betroffenen eine gewisse innere Autarkie und damit Gelassenheit erschweren. Susanne z. B. ist immer ein Mensch gewesen, der ausgesprochen viel Bestätigung von außen braucht. Sei es wegen ihrer Weiblichkeit und Attraktivität, ihrer Kleidung, ihrer beruflichen Erfolge oder wegen ihrer langjährigen Erfahrung. Susanne wirkt nach außen hin nicht eigentlich unsicher, doch dieses starke Bedürfnis nach Anerkennung weist zumindest auf ein gewisses Defizit hin. Susanne hat schon seit früher Jugend eine geringe *Kompetenzerwartung* an sich selbst: »Das schaffe ich bestimmt nicht, da habe ich ohnehin keine Chance« und dergleichen resignative Einstellungen mehr. Hinzu kommt eine Tendenz, alles möglichst negativ zu interpretieren. Susanne ist eine äußerst misstrauische Person. Grüßt sie jemand nicht gleich herzlich genug, so interpretiert sie dies bereits als Ablehnung. Fällt ein Lob nicht enthusiastisch genug aus, so ist es eben Neid und so fort. Susanne, das sollten wir wissen, befindet sich im Klimakterium, einer Phase des Übergangs, den zu akzeptieren ihr sehr schwer fällt.

Wechseljahre

Dieser Abschnitt des weiblichen Zyklus' macht Susanne augenblicklich ziemlich zu schaffen. Lange Zeit war sie sich fast sicher, diese Phase ginge bei ihrer Energie relativ spurlos an ihr vorbei, doch das erwies sich leider als Irrtum. Sie, die früher ein eher ausgeglichenes Temperament besaß, ist heute launisch und nah am Wasser gebaut. Susanne hat zugenommen, was zwar Johann nicht stört, jedoch sie selbst umso mehr. Hitzewallungen plagen sie nicht wenig – und sie reagiert stets zur unpassenden Situation unruhig und nervös – beispielsweise in der letzten Teambesprechung, wo sie nur den einen Gedanken hatte, ob man ihr ihren Zustand ansähe und sie deswegen gar auslache. Nur zu verständlich, dass eine solche Umbruchszeit auf Susannes psychische Verfassung und berufliche Energie starken Einfluss nimmt. Selbst mit dieser ganz konkreten Erfahrung fühlt sie sich aufgrund ihres Alters inmitten ihrer Abteilung isoliert. Sie möchte sich niemandem aus dem Kollegium anvertrauen, krank sein will sie erst recht nicht. Susanne hat vielmehr das Gefühl, gerade jetzt verbissen um Perfektion ringen zu müssen. Das klappt meist nicht.

Innen- und Außenperspektive

Dabei verhält es sich keineswegs so, dass alle Kollegen und Kolleginnen Susanne so sehen oder einschätzen, wie sie dies glaubt: Freilich gibt es ein paar, die sich ihre Jugend, Mobilität und Flexibilität als persönliches Verdienst auf die Fahnen schreiben. Dennoch gibt es genügend KollegInnen, die Susannes Erfahrung und Kompetenz sehr schätzen. Doch seit einiger Zeit erscheint ihnen Susanne das Gegenteil zu sein: fahrig und unkonzentriert. Worüber sie sich wundern. Da Susanne bislang jedoch noch kein gravierender Fehler unterlief, ist auch nichts davon zum Abteilungsleiter gedrungen. Dennoch fällt die Gedrücktheit und Angespanntheit der Kollegin allen auf. Ständig scheint sie unter großem Zeitdruck und Stress zu stehen, sie hat schlechte Laune und nimmt sich sichtlich alles zu Herzen.

Unterstützung in der Firma

Frau Winter, eine langjährige Kollegin, beschließt daher, sich in einem persönlichen Gespräch einmal direkt an Susanne zu wenden: Ob sie Probleme habe, ob man ihr vielleicht helfen könne? Ob man Zielvorgaben modifizieren und Arbeitsabläufe erleichtern solle? Frau Winter ist keine neugierige Person und vor allem keine, die indiskret ist. Susanne könnte sich ihr also getrost anvertrauen. Die Kollegin weiß nämlich ganz genau, was ein Burnout ist – sie weiß es aus *eigener* Erfahrung. AOK-Statistiken haben ergeben, dass bis zu 25 Prozent aller berufstätigen Menschen einmal in ihrem Leben unter einem Burnout leiden. Und Frau Winter weiß auch genau, dass man solchen Tendenzen gezielt gegensteuern muss und nicht die Dinge einfach sich selbst überlassen sollte. Je später nämlich gehandelt wird, desto aufwändiger kann später die Heilung sein. Wo im Anfangsstadium ein gutes persönliches oder fachliches Gespräch mit dem Hausarzt vollkommen genügt, ist in der akuten Phase oftmals eine Therapie notwendig.

Rechtzeitige Prävention

Wie leicht übersehen Betroffene und Angehörige den schleichenden Prozess, der in einem manifesten Burnout-Syndrom münden kann. Dabei wäre bei *rechtzeitiger Prävention* schon sehr viel getan! Das könnten beispielsweise die bereits erwähnten Anti-Stress-Seminare, z. B. der Krankenkassen, leisten. Frau Winter hatte damals ein solches Seminar besucht: Sie war sehr überrascht, wie viele Menschen unter ähnlichen oder gleichen Symptomen litten wie sie selbst. Auch Frau Winter hatte sich förmlich in eine innere Isolation hineinmanövriert, aus der sie alleine kaum mehr herausfand. Bis sie schließlich von einem entsprechenden Kurs bei ihrer Krankenkasse hörte. Dort lernte Frau Winter zusammen mit anderen Burnout-Betroffenen, sich endlich einmal zu entspannen – eine Kunst, die den wenigsten gelingen will, die mitten im Berufsleben stehen. Ob Manager, Steuerberater, Ärzte – oder eben im Kommunikationsbereich: In

Berufen mit hohem *Erwartungspotenzial* seitens der Klienten neigen die Betroffenen dazu, mit ihren Ressourcen fahrlässig umzugehen und zu verspannen. Der körperliche Stress wirkt auf die Psyche und umgekehrt, die Symptome sind demnach auch Anzeichen psychosomatischer Krankheiten. Körper und Seele müssen jedoch intensiv zusammenarbeiten, um einen drohenden Burnout frühzeitig aufhalten zu können.

Bewältigungsstrategien

Susanne sucht ihre Entspannung mittlerweile primär vor dem Fernseher. Zudem isst sie unregelmäßig, weil sie keinen großen Appetit hat. Die abendliche Knabberei aber ist und bleibt ihr heilig. Neben konzentrierten Entspannungstechniken (Yoga, AT, PMR) ist Susanne dringend gezielte Bewegung möglichst in frischer Luft anzuraten. Das würde sie langfristig auch von ihren Figurproblemen befreien. Ebenso effektiv ist auch ein Aerobic-Kurs oder ähnliches. Wichtig ist, dass Susanne sich wieder *fühlt*, ihre körperlichen und seelischen *Bedürfnisse* wieder wahrnimmt und sich akzeptiert. Auch wenn man es sich als Couch Potatoe nicht vorstellen kann: Ein Spaziergang durch den Wald hebt die Laune, fördert das körperliche Wohlbefinden und sorgt für eine produktive Art der Entspannung. Darüber hinaus gibt es das alles gratis – wenn man von dem so schwer zu erringenden Sieg über den »inneren Schweinehund« einmal absieht.

Kraftquellen und Ressourcen

Auch Susanne sollte sich wieder auf ihre ganz persönlichen Kraftquellen und Ressourcen besinnen lernen. Die *Überidentifikation* mit einem anstrengenden Beruf, der den Betroffenen in sozialer wie fachlicher Hinsicht Vieles abverlangt, lässt zahlreiche Menschen im Hinblick auf seelische *Ressourcen* buchstäblich verarmen. Soziale Kontakte, Freundschaften, Gefühle von Gemeinschaft und emotionaler Sicherheit, Freude und Lachen im Alltag sowie kleine Fluchten sind es, die unsere Batterien zuverlässig aufladen – nicht nur das neue Auto. Über den Zustand oder die Existenz der eigenen *Kraftreserven* sollte man sich kritisch prüfen. Fällt die Bilanz eher mager aus, sollten die Betroffenen versuchen, ökonomischer damit umzugehen, indem man z. B. überhöhte *Erwartungen* zurückschraubt. Frauen suchen am Arbeitsplatz oft nach sozialen Kontakten oder einem harmonischen Umfeld, was Männer im Vergleich zu Wettbewerb und Kompetenzen in der Regel weniger interessiert. Falls Susanne ihren Platz in der Abteilung akzeptieren lernt, ohne sich ständig darüber Sorgen zu machen, wie sie in den Augen der anderen wirkt, wird sie einen wesentlichen Teil ihres beruflichen Unbehagens besser in den Griff bekommen.

Selbstsicherheit und Gelassenheit

Susannes große, angesichts ihrer persönlichen Lage von außen betrachtet übertriebene Existenzangst spiegelt wohl auch eine innere Leere oder seelische Unsicherheit wider. Auch wenn der Aufschwung noch immer auf sich warten lässt und Sozialleistungen, die früher selbstverständlich waren, heute nicht mehr garantiert werden können, so sind die Aussichten doch keineswegs so düster, dass man verzweifeln müsste. Susannes Familie lebt im eigenen Haus, hat sich einen gewissen Wohlstand aufgebaut und die beiden Töchter sind selbstständig. Selbst wenn Susannes Job wirklich eines Tages in Gefahr wäre, litte die Familie noch lange keine Not, Johann verdient schließlich nicht schlecht. Susanne sollte sich vor Augen führen, dass ihr augenblicklicher Zustand, ein akuter Burnout, die Summe problematischer körperlicher wie seelischer Befindlichkeiten ist und auf verschiedene Faktoren zurückzuführen ist. Natürlich sind hier auch die depressiven Verstimmungen der Wechseljahre nicht ganz unschuldig an Susannes Situation.

Familie und Aktivität

Ihre Familie kann Susanne dabei eine *Hilfestellung* leisten – vorausgesetzt, die Lage ist klar definiert und von allen akzeptiert. Susannes ewiger Litanei »Lasst mich in Ruhe. Das geht doch ohnehin alles schief!« sollte demnach kein »Ach, das bildest du dir nur ein!« von Seiten ihrer Angehörigen gegenüber stehen. Vielmehr sollte zwar behutsam und mit Liebe, aber dennoch fest und zielgerichtet ihrer Resignation gegengesteuert werden. In Susannes Fall kann Johann sicher einiges ausrichten, da die beiden sich gut verstehen. So kann er liebevoll auf einem täglichen Spaziergang bestehen oder darauf, zweimal pro Woche schwimmen zu gehen. Diese Sportart vermag nebenbei quälende Rückenschmerzen zu lindern, die ebenfalls mit ins Krankheitsbild des Burnouts gehören können.

Körperliche *Aktivität* erhöht auch die körperliche und seelische Energie – Libido ebenso wie Lebensfreude. »Alt werden ist nichts für Feiglinge«, bemerkte schon die amerikanische Schauspielerin Bette Davis. Diese Lebensphase erfordert Mut und Akzeptanz, dann fällt dies auch den anderen leichter. Es wäre Susanne zu wünschen, dass die Situation am Arbeitsplatz nicht mehr ihren privaten Alltag überschatten würde. Vielleicht helfen Frau Winters Anregung und Verständnis sowie die tatkräftige Hilfe der Familie Susanne dabei, dieses Knäuel negativer Empfindungen allmählich zu entwirren und wieder zu mehr Kraft und Energie zu finden.

Therapeutische Hilfestellung

Susanne braucht eine individuell angepasste Behandlung. Ihre Schwierigkeiten sind sicher einerseits in der hormonellen Umstellung des Klimakteriums, andererseits in den sozialpsychologischen Konsequenzen des Älterwerdens begründet. Sie kann nicht mehr unterscheiden zwischen den gesellschaftlichen und den eigenen Vorurteilen gegenüber dem Altern und ist zutiefst verunsichert. Und das ist anstrengend. Neben selbsthygienischen Maßnahmen (Schlaf, gute Ernährung, körperliche Aktivität, intensive Klärung der Situation am Arbeitsplatz, medizinisch-gynäkologische Behandlung) sollte sie eine Selbsthilfegruppe für Frauen in den Wechseljahren besuchen. Dort wird sie erleben, dass sie mit ihren Problemen nicht allein ist, mit ähnlich Betroffenen Lösungen finden und die Kontakte genießen.

Teil II
Familie und Partnerschaft

»Wo bleibe ich eigentlich?« Oder
»Ich habe alles für dich getan. Und jetzt?«

Die Ursachen für die Entstehung eines Burnout-Syndroms liegen hier primär im *privaten Umfeld* von Partnerschaft und Familienleben sowie in der persönlichen Verfassung der Betroffenen, um von dort aus ihrerseits auf die Bereiche Beruf und Gesellschaft zu wirken. Insbesondere Frauen sind durch die Mehrfachbelastung in Haushalt, Kindererziehung und Beruf sowie durch traditionelle Rollenverteilungen (Die Frauen halten alles zusammen!) gefährdet, ihre Person und ihre geistigen, seelischen und körperlichen Bedürfnisse für das Gemeinwohl hintanzustellen. Dies kann so weit gehen, dass sich die Betroffenen beinahe nicht mehr existent, erloschen und wie ausgebrannt fühlen. Forschungsergebnisse der University of California konnten im übrigen einen Zusammenhang zwischen Zellalterung und häuslichem Stress bei Frauen belegen. Vorgestellt wurde die Studie von Elissa Epel und ihren Kollegen in der neuesten online-Ausgabe der »Proceedings« der amerikanischen Akademie der Wissenschaften. Deshalb ist es nachweislich ganz besonders wichtig, auf die ersten Anzeichen von Stress adäquat zu reagieren. Dies bedeutet zunächst auch Konflikte auszutragen, wie z. B. den Partner mehr in die Pflicht zu nehmen, Aufgaben zu verteilen oder für genügend Ruhepausen und vernünftige Ressourcenstrategien zu sorgen. Natürlich scheint das vor allem den Betroffenen manchmal unmöglich – doch nur bei rechtzeitiger Stress-Prävention kann man einen regelrechten und länger dauernden »Ausfall« verhindern.

Ausgebrannt an allen Fronten – Hausfrau, Mutter, Geliebte & Co.

Sandra, 33, war vor noch nicht allzu langer Zeit stolz darauf, die Betreuung ihres dreijährigen Sohnes Fabian, den Drei-Personen-Haushalt und ihren Beruf einigermaßen »unter einen Hut« zu bekommen. »Ich hab eben ziemlich viel Power – und auch Disziplin«, pflegte die junge, zurückhaltende Frau lächelnd zu beteuern. Aufmerksamen Zuhörern jedoch fiel bereits auf, dass diese Worte in einem beinahe beschwörenden Ton geäußert wurden. War da nicht vielmehr der Wunsch der Vater des Gedankens? Wie sieht Sandras Alltag eigentlich aus? Während der Woche wird der lebhafte, aufgeweckte Fabian halbtags von einer liebevollen Tagesmutter betreut. Sandra nutzt nämlich das modifizierte Elternzeit-Modell und arbeitete bald nach der Geburt in Teilzeit weiter, um nicht den Anschluss in ihrem Beruf als Produktmanagerin eines Verlags zu verpassen. Sandra hatte sich so sehr ein Kind gewünscht – in weit stärkerem Maß als ihr Mann Marc, 35, dies tat, der zunächst einmal seine Karriere in der Automobilbranche verfolgen wollte. Was ihn, wie er mehr als einmal sagte, schon Engagement genug kostete. Marcs knappe Freizeit besteht in der Hauptsache aus sportlichen Aktivitäten und Reisen. Marc war, und das gab er auch unumwunden zu, daher auch um eines Kindes willen nicht für große Zugeständnisse zu haben. Da Fabian letztlich Sandras inniger Wunsch war, sollte sie auch primär dafür zuständig sein. Wenn sie sich das alles zutraute, sollte Sandra es ruhig versuchen. Und genau das tat sie.

Wunsch und Realität

Wie wahrscheinlich alle Frauen in einer vergleichbaren Situation, hegte auch Sandra die Hoffnung, Marcs Einstellung würde sich ändern, wäre das Kind erst auf der Welt. Schließlich wachsen viele Väter in spe erst mit der Zeit in ihre Rolle hinein – und zeigen sich mehr und mehr vernarrt in den Nachwuchs. Leider erwies sich in unserem konkreten Fall diese Hoffnung als trügerisch. Marc war einfach kein Familienmensch – obwohl er Sandra liebte. Natürlich »liebte« er auch seinen Sohn und zeigte sich in der Öffentlichkeit stolz auf seinen wohl geratenen Sprössling. In den häuslichen vier Wänden war er allerdings nicht bereit, für das Kind irgendwelche nennenswerten Abstriche zu machen. Marc konnte nur schwer verzichten oder zurückstecken.

Du schaffst das!?

Weiterhin spielte er am Wochenende Basketball oder fuhr mit seiner Freundesclique zum Skiwochenende in die Dolomiten. Auf Sandras vorsichtige, in bittendem Ton gestellte Frage, ob nicht auch er einmal auf Fabian aufpassen oder mit ihm auf den Spielplatz gehen könne, damit sie wenigstens in Ruhe den Haushalt erledigen könne, erwiderte Marc stets dasselbe: »Du hast doch gesagt, du schaffst das! Du hast es doch selbst so gewollt, Sandra! Jetzt komm mir nicht mit Ansprüchen!« Gegen eine solche defensive Argumentation ist Sandra regelrecht machtlos – schließlich hat sie dem Arrangement zugestimmt. Und so beißt sie die Zähne zusammen und macht weiter. Würde Marc seine Freundin Sandra heute ernsthaft fragen, wie sie sich in diesen Tagen fühlt, so müsste sie ehrlich antworten: »Total erschöpft. Ich fühle irgendwie fast gar nichts mehr, weder Freude noch sonst was. Am liebsten würde ich mir die Decke über den Kopf ziehen, und von gar nichts mehr etwas wissen.« Doch er fragt nicht, sondern denkt, Sandras Lustlosigkeit, Niedergeschlagenheit und schlechte Laune habe andere Gründe. Und das würde schon »von selbst« wieder vergehen. Tut es aber nicht.

Symptomvielfalt

Neben Lehrern, Sozialarbeitern oder Menschen, die in Pflegeberufen arbeiten, leiden auch immer mehr Frauen, die »an allen Fronten« kämpfen, weil sie Arbeitnehmerinnen, Ehefrauen, Mütter und Hausfrauen zugleich sind, unter einem akuten Burnout-Syndrom. Kennzeichnend für die Burnout-»Risikogruppe« sind generell Einstellungen, Berufe oder Tätigkeiten, die mit höchsten Einsatz und Engagement gleichermaßen einhergehen (müssen). Das Krankheitsbild dieser ernst zu nehmenden psychischen und körperlichen Störung ist gar nicht so einfach einzugrenzen. Man geht von ca. 130 verschiedenen vielschichtigen körperlichen und seelischen Symptomen aus, die sich in diesem Komplex manifestieren können. Darunter Mattigkeit, Antriebslosigkeit, Kopfschmerzen, Schlafprobleme – die Liste ist lang.

Burnout-Phasen

Bei genauerem Hinsehen lassen sich bei dieser Störung drei *Phasen* ausmachen. Die erste ist eine zunehmende *Erschöpfung*. Während Sandra noch vor einem Jahr ziemlich aktiv war, sich mit ihren Freundinnen, ebenfalls Mütter von Kleinkindern, nach der Arbeit noch am Spielplatz im Stadtwald traf oder ab und zu einen Babysitter organisierte, um mit den Kolleginnen ins Kino zu gehen, fühlt sie sich heute dazu einfach viel zu erledigt. Nicht nur ihre *körperliche* Energie, sondern auch ihre *geistigen* Interessen haben nachgelassen: Anstatt wie sonst wenigstens noch die Tageszeitung zu lesen, fühlt Sandra sich dazu meistens zu ausgelaugt und von den komplexen Inhalten überfordert. Selbst das Spiel mit dem lebhaften Kind strengt sie mittlerweile an – zumal Fabian seit zwei Monaten mittags nicht mehr schlafen will. Diese Ruhepause brauchte sie sehr. Sandra könnte heulen, doch selbst dazu ist sie zu erledigt.

Gleichgültigkeit

Neben dem allgemeinen Erschöpfungszustand bringt die *zweite Phase* des Burnout-Syndroms eine gewisse *Gefühllosigkeit* mit sich. Man empfindet weder Freude noch Kummer so intensiv wie früher, fühlt sich vielmehr auch emotional zusehends leer. Vitale Lebensäußerungen, wie z. B. die Sexualität, gehen ebenfalls stark zurück – man ist dafür einfach viel zu müde – ohne dass einem allerdings der Schlaf die notwendige Erholung schenken könnte. Oft genug wacht man nachts auf und kommt bei aller Erschöpfung doch zu keiner inneren Ruhe. Sandra fühlt sich richtiggehend »taub« – das heißt, wenn sie sich gedanklich überhaupt mit ihrem Zustand beschäftigt. Zudem scheint Sandra den Halt in sich selbst verloren zu haben.

Rückzug und Leistungseinschränkung

Die *dritte Phase* ist der *Rückzug* in sich selbst. Kontakte werden zurückgefahren bzw. regelrecht vermieden, weil sie als zu anstrengend empfunden werden. »Was, Niki hat sich für morgen angesagt? Dann weiß ich schon, dass es den ganzen Abend wieder über Liebeskummer geht! Nein danke, das packe ich im Moment wirklich nicht. Das sage ich ab. Kino? Ach, das dauert immer. Außerdem gehen mir so viele Leute in einem Raum auf die Nerven. Nein, ich bleibe lieber zu Hause und gehe um neun ins Bett.« Gleichzeitig machen sich diese Phasen auch im Berufsleben bemerkbar. Die ersten Anzeichen von *Leistungseinschränkung* werden sichtbar – mit allen unangenehmen Konsequenzen.

Sandra betreut im Verlag bestimmte Buchprojekte. Weil sie in letzter Zeit so unkonzentriert war und einfach nicht die Kraft hatte, sich durch einen Wust an Bestimmungen zu wühlen, hat sie einen wichtigen Lizenzpassus schlicht verschlafen – und das muss nun der Verlag ausbaden. Das hat ihr einen gehörigen Anpfiff seitens der Geschäftsleitung eingebracht. Seither ist Sandra noch zusätzlich deprimiert und fürchtet verständlicherweise, dass ihr ein solcher Fehler wieder unterlaufen könnte. Dabei *darf* so etwas einfach nicht wieder passieren.

Bin ich eine schlechte Mutter?

Hinzu kommen die Gedanken an den kleinen Fabian. Vermisst er sie denn nicht doch zu sehr? Kann eine Tagesmutter, so nett und zuverlässig sie auch sein mag, die leibliche Mutter denn ersetzen? Natürlich nicht. Ist Sandra eine Rabenmutter, weil sie arbeiten gehen möchte – oder vielmehr muss? Bei dem Gedanken nämlich, von Marc finanziell gänzlich abhängig zu sein, ist Sandra verständlicherweise nicht ganz wohl. Und sie arbeitet auch gerne. Dennoch macht es ihr schwer zu schaffen, die Erziehung ihres Kindes vielleicht nicht optimal zu gestalten, auf die vielfältigen emotionalen Bedürfnisse nicht adäquat eingehen zu können. Alles scheint nur halbwegs zu funktionieren! Mit zwingender Deutlichkeit fühlt Sandra, dass ihr momentaner Zustand nur ein »fauler« Kompromiss auf allen Ebenen ist. Wo aber sinnvoll ansetzen?

Wo bleibt die Unterstützung?

Wir mögen es auch im 21. Jahrhundert noch so sehr beklagen: Es ist leider ein Faktum, dass trotz aller Bemühungen die Gleichberechtigung zwischen Mann und Frau weder in Sachen gerechter Entlohnung noch in Sachen Haushalt oder Erziehung auch nur annähernd verwirklicht ist. Dass Ausnahmen die Regel bestätigen, macht den generell herrschenden Zustand nicht erfreulicher. Nicht allein Studien wie die von Familienforscher Wassilios Fthenakis bestätigen, was wir längst auf Grund täglicher Praxis ahnen: dass der Löwenanteil der häuslichen Arbeit nach der Geburt eines Kindes von der Frau geleistet wird. Wo der Partner zuvor wenigstens hin und wieder im Haushalt half, nimmt dies nach der Geburt drastisch ab. Dies gilt leider auch für Paare, in denen die Frau weiterhin berufstätig ist.

Erziehung von Erwachsenen

Warum das so ist? Ein ganz wesentlicher Grund liegt in der Tatsache, dass man seinen Partner nicht dahingehend *erzieht*. Oder – falls dies trotz allem Bemühen nicht möglich ist – aus einem Verhalten, wie Marc es an den Tag legt, keine klaren Konsequenzen ziehen will oder kann. Auch wenn es hart klingen mag: wenn eine Frau einen erwachsenen Mann umsorgt, als wäre er ein zwar charmanter, aber unselbstständiger Junge, muss sie sich nach der Geburt des Kindes nicht wundern, wenn er sich nicht wie ein Mann verhält. Wieso sollte er? Wie verhält sich ein Mann idealerweise? Verantwortlich, belastbar, partnerschaftlich und fürsorglich. All diese Eigenschaften entstehen nicht plötzlich über Nacht, nur weil jetzt ein noch so entzückendes Baby im Stubenwagen liegt. Darauf sollte man sich vorbereiten.

Zurückstecken will gelernt sein

Die Tatsache, dass Marc seiner Partnerin mit den liebevollen Worten »Das kannst du doch viel, viel besser, Kleines« gerne die Küche überließ und sukzessive auch Wäsche und Hausputz, störte Sandra zwar immer wieder. Vor allem dann ganz besonders, wenn sie es bei ihrer Freundin Angela anders erlebte. Dort halfen die beiden am Wochenende selbstverständlich und ohne Theater zusammen, um anschließend die gemeinsame Zeit zu genießen. Doch Sandra hat eben nicht gerne Streit. Weshalb? Die junge Frau ist nämlich eine konziliante, konfliktscheue und überaus Harmonie liebende Person. Bei Auseinandersetzungen, wenn es überhaupt dazu kommt, zieht sie regelmäßig den Kürzeren. Eine »ideale« Partnerin für einen unselbstständigen und egoistischen Mann wie Marc: warm, mütterlich, weich und nachgiebig. Bevor Sandra auch nur einen Gedanken an ihre Bedürfnisse – oder als Mutter des gemeinsamen Kindes an ihre Rechte – verschwendet, verzichtet sie lieber von vorneherein darauf, um nur ja nichts zu fordern. Das hat Sandra sich bereits in früheren Beziehungen weitgehend abgewöhnt. Dennoch: Marc trifft nicht alleine die Schuld an dieser persönlichen Krise. Zu jedem Spiel gehören zwei – und Sandra übernimmt ihren Part in dieser Hinsicht klaglos und leistet seiner Bequemlichkeit allen nur denkbaren Vorschub.

Alarmsignale und Gegenmaßnahmen

Dieser Zustand der ständigen Mattigkeit, das wachsende Gefühl der Sinnlosigkeit und Gleichgültigkeit ist ein nicht zu unterschätzendes Alarmsignal. Sandra hatte bereits viel früher reagieren müssen. Leider hat sie, wie so viele andere Betroffene auch, ihre Lage zu lange schöngeredet oder –gedacht. »Ach, das liegt am Wetter. An den Hormonen. Das liegt daran, dass Fabian keinen Mittagsschlaf mehr macht. Das liegt alles nur an diesem blöden Loseblatt-Projekt, das wir planen müssen.« Und was der bequemen Ausflüchte mehr sind, bequem, weil keine anstehende Entscheidung je durchdacht und kein noch so unbefriedigender Status quo tangiert wird. Dabei wären spätestens in diesem Anfangsstadium des Burnouts klare *Gegenmaßnahmen* notwendig. Es ist Sandra wirklich nicht zu wünschen, dass ihre psychische und physische Gesundheit – und die ihres Kindes – weiter darunter leiden, dass sie sich selbst zu viel aufgehalst hat oder sich zu viel hat zumuten lassen.

Ruhe und Bedürfnisse

Trotz aller Erschöpfung und dem Gefühl, alle ihre »Batterien« seien leer, wird Sandra wohl nicht um eine wenigstens geringfügige Änderung ihrer Lebensumstände herumkommen. Zunächst sollte Sandra sich unbedingt mit einer vertrauten Person oder ihrem Hausarzt über diese verfahrene Situation offen aussprechen. Falls Sandra auf jeden Rat immer nur: »Ja, aber…« entgegnet und damit signalisiert, dass sie im Grunde genommen an ihrer Situation nichts ändern will, wird ihre beste Freundin Angela sich vielleicht frustriert zurückziehen. Eine therapeutisch ausgebildete Person kann in einer psychologischen Beratung hingegen solchen typischen Vermeidungsstrategien besser, weil professioneller begegnen. Sandra hat neben einem gesunden, fordernden Selbstbewusstsein auch vollkommen verlernt, auf ihre körperlichen und seelischen *Bedürfnisse* aufmerksam zu hören. Natürlich ist Sandra sich selbst im Wort, weil sie damals so zuversichtlich verkündete, sie könne das alles schaffen – für Marc würde sich schon nichts ändern. Sie ist es sich nun schuldig – und das mit aller Härte.

Entspannung, Gelassenheit, Selbstsicherheit

All dies muss trainiert werden, wenn man es, wie die junge Frau, nach und nach verlernt hat. Meditation, Bewegung und vor allem gute Ernährung, wie sie der chinesische Heilpraktiker und Arzt Li Wu bei Burnout-Symptomen empfiehlt, sind hilfreiche Stützen im Umgang mit der Krise. Ein Rückzugsort ist hierfür ganz wichtig – es ist nicht einzusehen, weshalb Marc ein Arbeitszimmer hat, sie jedoch keinen eigenen Raum für sich beanspruchen kann. Die Wohnung ist schließlich groß genug, um sich eine Ecke ganz für sich abzuzwacken. Immerhin hat Sandra in Ruhe einiges nachzuholen, was ihre Selbstwahrnehmung betrifft.

Ein Ressourcenproblem

Ein Burnout entsteht nicht zuletzt durch eine gestörte Einschätzung seiner selbst und vor allem der eigenen Ressourcen. Ebenso tragen fehlendes positives Feedback und mangelnde Unterstützung ihren Teil dazu bei. Sandra dachte stets, ihre Kraftreserven seien mit dem Willen zu steuern und unbegrenzt. Nicht zuletzt auf Grund dieser Fehleinschätzung ist Sandra nun krank geworden und braucht tatkräftige Hilfe. Da beide Partner gut verdienen, ist es auch nicht einzusehen, weshalb nicht eine Zugehfrau oder eine Bügelhilfe engagiert werden sollte, selbst wenn Marc »keine fremden Leute« in seiner Wohnung haben mag. Sandra hat wie Marc auch das Recht auf eine Auszeit – das jedoch muss sie selbst erst einmal für sich akzeptieren lernen.

Regenerationsquellen

Sandra sollte sich, um erst einmal wieder zu sich zu kommen, Kraftquellen aller Art nutzbar machen: Früher z. B. liebte Sandra klassische Musik über alles – Marc jedoch findet diese Musik anstrengend, elitär und altmodisch. Ohne darauf weiter einzugehen, ließ sie es sein und hörte zähneknirschend moderne Musik. Aber warum nicht wieder an die eigenen Interessen anknüpfen? Ebenso stellen auch andere musische Interessen ein nicht zu unterschätzendes Potenzial bereit – denn nicht allein Körper und Seele, auch der Geist ist hungrig nach Anregung, nach Auseinandersetzung und neuer Kraft. Sandra muss nicht zwangsläufig die Interessen und Vorlieben ihres Lebensgefährten teilen, und sich noch viel weniger der ihren fast schämen. Hat Marc das von ihr erwartet? Wahrscheinlich nicht – sondern Sandra stellte diesen Anspruch an sich selbst, sie hat zugegebenermaßen eine etwas einseitige Auffassung davon, Interessen zu teilen.

Erwartungen erfüllen

Liebe und Anerkennung nach Leistung: Wenn ich alles für jemanden tue, werde ich geliebt. Das ist nicht nur Sandras Leitmotiv. Ihr Selbstwertgefühl ist nicht sehr ausgeprägt und als drittes von vier Geschwistern lernte sie zwangsläufig zurückzustehen. Sandra achtete schon ihr ganzes Leben darauf, es möglichst allen recht zu machen, nirgends anzuecken, sich nur ja keine Feinde zu machen. Eine solche seelische Disposition macht es für andere natürlich wesentlich leichter, dem Betreffenden Pflichten und Lasten aufzubürden und darüber hinaus ihm oder ihr ein schlechtes Gewissen zu vermitteln, falls er oder sie es wagt, eigene Ansprüche zu stellen. Man kann sich Liebe leider nicht durch Wohlverhalten »erkaufen«: dieser Weg ist in aller Regel mit Enttäuschung und Frustration gepflastert.

Selbstreflexion

Wahrscheinlich muss sich Sandra erst einmal wieder klar werden, *wer* sie eigentlich (noch) ist. Und dies nicht aus der Perspektive eines geliebten Mannes, ohne den man nicht leben zu können glaubt und für den man alles tun will. Wer ist Sandra? Eine kompetente und patente Frau trotz ihrer Tendenz, sich geduldig hintanzustellen. Natürlich kann Sandra ihren Mann nicht dazu zwingen, sich engagierter in die alltäglichen Pflichten einzubringen – *fordern* hingegen sollte sie es vehement. Darauf hat sie ein Recht. Denn Marcs uneinsichtiges, ebenfalls nicht an der Realität orientiertes Verhalten ist ja mit dafür verantwortlich, dass Sandra mittlerweile hoffnungslos überfordert ist. Möchte er sich in keiner Weise »seine Freiheit« beschneiden lassen, so muss sich Sandra vielleicht doch überlegen, ob sie ihm diese seine Freiheit nicht lieber ganz und gar gibt.

Bereitschaft des Partners

Praktisch nämlich ist Sandra mit fast allen alltäglichen Problemen allein. Und faktisches Alleinsein ist unter Umständen leichter zu meistern, als immerzu etwas vom Partner zu erwarten, nur um stets aufs Neue enttäuscht zu werden. Hierbei kommt es sehr auf die Bereitschaft ihres Partners Marc an, in den strittigen Punkten besser auf ihre Bedürfnisse eingehen zu lernen. Falls all ihre Argumente im privaten Gespräch ohne Wirkung bleiben, könne man noch eine *Partnerberatung* oder -therapie vorschlagen. Diese allerdings setzt eine echte Bereitschaft beider Partner zu einer Änderung des problematischen Status quo voraus. Muss Sandra aber einsehen, dass alle ihre Versuche fruchtlos bleiben, so sollte sie daraus für sich und vor allem für ihr Kind die Konsequenzen ziehen – und diese nicht nur androhen. Wir jedenfalls hoffen, dass Marc sich zugänglicher zeigt und ein bisschen an seiner egoistischen Einstellung arbeitet, bevor er seine Familie verliert – deren große Bedeutung ihm vielleicht erst dann aufgeht, wenn sie gefährdet oder bereits gescheitert ist.

Therapeutische Hilfestellung

Sandra hat ein Problem in der Beziehung zu sich selbst und in der Beziehung zu ihrem Mann. Sie führt das Leben einer Frau mit »Doppelbelastung«, die versucht, Familie und Beruf »unter einen Hut zu bringen«. Dabei hat sie den Anspruch, eine perfekte Ehefrau, Hausfrau und Mutter zu sein. Den Anschluss an ihren Beruf will sie auch nicht verpassen. Das alles strengt sehr an. Sandra sollte eine themenzentrierte Frauengruppe suchen, in der sie eine gründliche Situationsanalyse erarbeiten kann. Gleichzeitig muss sie in einer kurzen Paarberatung die Beziehung zu ihrem Mann, vor allem das Thema »Geben und Nehmen« und »Liebe und Verantwortung« klären.

Immer unter Strom

Jochen, 28, ist ein in mancher Hinsicht sehr interessanter Mensch. Wer ihn mit aufmerksamen Augen beobachtet, ist absolut fasziniert davon, wie *schnell* dieser junge Mann ist! Als hätte ihn jemand aufgezogen und das Abstellen vergessen. Jochen scheint niemals stillzustehen, immerzu ist er in Bewegung, ständig zwischen Tür und Angel, an allen Orten gleichzeitig – ein echtes Phänomen! Zeit für ein ruhiges Gespräch hat er ohnehin nicht. Jochen wirbelt durch seine Welt, als müsse er für drei Personen gleichzeitig Energie, Verve und nicht zuletzt Coolness beweisen. Die allermeisten Leute in seiner Umgebung finden das ganz toll und nachahmenswert. Denn dieser Typ weiß darüber hinaus, wo die coolste Band übt, welche Bar gerade Furore macht und welcher Stil *morgen* ankommen wird. Jochen ist in seiner Art fast so etwas Ähnliches wie ein Trendsetter. Dementsprechend wird er umschwärmt von den schönsten Mädchen der Szene, aber selbst dafür scheint er kaum je Zeit zu haben. Schnelle Affären ja, aber nichts Längeres, heißt es, und im Grunde wundert es keinen. Wie sollte ein solcher Stadtnomade denn je sesshaft werden?

Die verkörperte Hektik

Nicola, die schon sehr genau hinsieht, beschleicht allerdings manchmal ein etwas unheimliches Gefühl bei der ganzen Sache. Sie empfindet dies nicht von ungefähr, schließlich hat sie sich genügend Zeit gelassen, Jochen besser und in Ruhe wahrzunehmen. Vorschnelle Urteile sind nämlich ihre Sache nicht. Die beiden arbeiten in derselben IT-Firma, wo Überstunden selbstverständlich sind. Auch After-Work-Partys besucht das Team gemeinsam. Gelegenheiten gibt es also genug, sich unverkrampft zu begegnen. Hingegen könnte man nicht behaupten, dass Nicola ihm besonders aufgefallen wäre. Wie denn auch? Stets beschäftigt und hektisch wirkt Jochen, als stünde er dauernd unter

Strom: Dazu passt perfekt sein kurzes, schwarzes Igelhaar, der drahtige, wendige Körper, seine ständig mit irgendetwas beschäftigten Hände. Eine solche Nervosität ist generell am PC gut aufgehoben: Jochen arbeitet als Programmierer in dem jungen Team der Firma, welche die Börsenblase nicht nur überlebt, sondern sich inzwischen optimal konsolidiert hat.

Eine aktuelle Biografie

Jochens Persönlichkeit und Wirkung auf andere ist ganz und gar zeitgemäß – schnell, kompetent, attraktiv, aktiv. Jochen der Souveräne, Jochen der Attraktive, der sich auf jeglichem Parkett zu bewegen weiß, dem die Welt zu seiner Verfügung steht und der nur zugreifen muss. So jedenfalls sieht es aus. Jochens elektronischer Terminkalender ist voll. Er weiß gar nicht, was zuerst tun, welche Party besuchen, und fürs Snowboarden muss schließlich auch noch Zeit bleiben. Andauernd hat Jochen sein Handy am Ohr und selbstredend geht es dabei jedes Mal um irgendetwas wahnsinnig Wichtiges und Dringendes. Jochen redet viel und sehr schnell, hat ein schnelles Lächeln parat. Als Nicola ihm das erste Mal am Kaffeeautomaten begegnete, dachte sie sofort: »Was für ein attraktiver Bursche!« Obwohl er auf angenehme Weise frech und lustig war, verhielt er sich ihr gegenüber dennoch zuvorkommend wie zu allen Frauen. Auf den ersten Blick wirkt Nicola unscheinbar, zurückhaltend und fast ein bisschen kühl. Dem allerdings widerspricht ihr Blick: dieses winzige, stets präsente Lachfünkchen, das dem Ernst ihrer graublauen Augen seinen Reiz gibt. Doch Jochen ist viel zu hektisch und gestresst, um auf ein so ruhiges Wesen wie Nicola groß zu achten. So etwas erfordert viel Aufmerksamkeit und einen freien Kopf, manchmal Muße, auf jeden Fall aber ein zweckfreies Interesse – alles Dinge, die Jochen verlernt hat. Oder ist es gar so, dass er gar keine Ahnung hat, was das bedeutet: in sich zu ruhen? Wie Nicola zum Beispiel.

Irritationen

Jochens ständige Unruhe, sein Fingertrommeln und Fußtappen in einem nur ihm bekannten Takt, fällt im Büro, welches er alleine mit seinem geliebten Rechner bewohnt, nicht weiter unangenehm auf. Dort herrscht zwar ein genialisch-chaotisches Durcheinander, was aber bei dieser Sorte junger IT-Fachleute vollkommen üblich ist. Jochen verdient sehr gut, ist hoch qualifiziert und wird wohl noch einiges erreichen, meinen die Chefs, die selbst nur um drei Jahre älter sind als er. Weil Jochen das Zeug dazu hat – stets das richtige Gespür, immer die Nase vorn. In Gesellschaft jedoch, so wissen es auch die Kollegen, ist Jochen ziemlich anstrengend, um das Mindeste zu sagen. Dieser Eindruck entsteht, weil Jochen keinen Moment der Stille aushalten kann und fast unausgesetzt redet. Fast wirkt es, als bereite ihm bereits jede Gesprächspause größtes Unbehagen. Lieber kaspert er herum und lacht ziemlich viel und laut. Aber nicht mit den Augen. Deren Ausdruck ist, so findet es jedenfalls Nicola, regelrecht gehetzt. Also nicht besonders cool und souverän, ganz im Gegenteil.

Fassaden

Irgendetwas stimmt nicht in Jochens perfekter Welt, die etwas von einer Computeranimation an sich hat. Bunt und fantastisch, detailreich, oberflächlich wirklichkeitsgetreu, aber dennoch von bestürzender emotionaler Flachheit. Schon häufig bemerkte Nicola, dass Jochen am liebsten alles ironisiert, sich selbst und andere. Das erweckt den Eindruck, als habe der junge Mann nur wenig Bezug zu anderen Menschen. Obwohl er doch andauernd mit ihnen zu tun hat und dies offenbar auch genießt. Schließlich ist er jede Nacht unterwegs, oft bis in die Morgenstunden. Viel Schlaf braucht er offenbar nicht. Außerdem verbringt Jochen denkbar wenig Zeit zu Hause. Seine Penthousewohnung ist bloß eine Durchgangsstation. Auch seine Affären hat Jochen außer Haus. Dieser Mann scheint ja ebenso wenig gerne allein wie wenigstens mal eine Viertelstunde still zu sein, stellt Nicola fest.

Beides Zustände, die sie persönlich sehr schätzt und dringend braucht, um nach dem anstrengenden Tag wieder zu sich zu kommen. Für sie sind Stille und Rückzug ein unbezahlbarer Luxus.

Zur Ruhe kommen

Nicola muss sich immer wieder »erden«, wie sie es nennt, denn auch von ihr wird viel gefordert: Kundenkontakt, Ideen, Konzepte. Auch wenn es vielleicht nicht so cool wirken mag, den Abend in Ruhe, mit einem Buch oder mit Musik zu verbringen. Nicola braucht das, um aufzutanken, schließlich soll auch sie möglichst schöpferisch ausgeruht und produktiv an ihre Herausforderungen gehen. Kein Wunder also, dass ihr persönlich eine ständige Geräuschkulisse wirklich schwer zu schaffen macht. Obwohl der junge Mann in jeder Hinsicht das Gegenteil ihrer selbst ist, ertappt sie sich immer wieder dabei, über Jochens seltsames Wesen nachzudenken. Zum Beispiel darüber, wo er eigentlich seine Kraft hernimmt und wo und wie er seine eigentlichen Bedürfnisse lebt. Wie sind diese denn nur beschaffen? Oder ist genau diese motorische und innere Unruhe die Triebfeder für seine Begabung? Ist das Jochens Vorstellung vom jungen urbanen Leben und er ganz glücklich mit diesem ständigen Hin- und Her, Auf und Ab, Kreuz und Quer? So lange nur ja niemals ein Moment der Besinnung eintritt?

Überraschung

Eines Morgens im Winter erscheint Jochen nicht zur Arbeit. Zunächst denken sich seine Kollegen überhaupt nichts dabei, denn es herrscht eine Erkältungsepidemie in der Stadt. Schon einige im Haus niesen und schniefen bereits gehörig. Doch als Jochen nach drei Tagen immer noch nicht an seinem Platz ist, meint Nicola beunruhigt zu ihrer Kollegin Ines: »Ruf ihn doch mal an. Ich kenne ihn doch nicht so gut. Ihr seid doch immerhin ein paarmal zusammen in der Lounge gewesen.« »Du wirst lachen, ich hab seine Nummer gar nicht mehr. Ich weiß privat so wenig von ihm wie du. Komisch, nicht?« Als Nicola am späten Nachmittag einen Termin beim Chef wahrnimmt, fällt ihr dessen etwas betretener Gesichtsausdruck auf, als sie sich, wie nebenbei, nach Jochen erkundigt. »Ist es etwas Ernstes?«, fragt sie ganz erschrocken. »Naja … äh, nein … aber er wird wohl länger weg sein.« Nun ist Nicola so klug wie zuvor. Dennoch hakt sie nach: »Kann man ihn denn besuchen? Was hat er denn? Ich sage es auch niemandem weiter, wenn du das nicht möchtest.« Der Chef überlegt eine Weile, dann erwidert er: »Na gut, Nicola. Stell dir vor – *dieser* Typ hat Depressionen! Ich fass es nicht! Burnout-Syndrom, sagen die Ärzte. Das will mir einfach nicht in den Kopf. Ausgerechnet er! Depressive sehen doch ganz anders aus, die sind meistens trübsinnig und in sich gekehrt. Was ist denn da los?«

Tabuthema Depression

In meinen Kopf geht das sehr wohl, denkt sich Nicola. Nun überlegt sie einmal mehr, was es war, das sie an Jochen irritiert hatte, was ihr Misstrauen und was allem voran ihre große Anteilnahme an ihm weckte. Im Augenblick ist Nicola allerdings nicht mehr so verliebt in ihn, jedenfalls nicht mehr so wie zu Anfang. Aber sie wünscht sich eine Freundschaft mit ihm. Bisher schien es nämlich bei Jochen trotz dieser Hundertschaft »hipper« Bekanntschaften, die von Party zu Party ziehen, auf weiter Flur keine guten Freunde zu geben. Auch aus der Art, wie man mit der Diagnose »Depression« in der Firma umgeht, ist das leicht zu ersehen. Man ist verunsichert, seltsam bis unangenehm berührt. Fast scheint es etwas anrüchig, in dieser Position und mit einer solchen Persönlichkeit, wie Jochen sie perfekt verkörpert, erschöpft und ausgebrannt zu sein. Und das mit 28! In der Tat ist es dafür ein bisschen früh. Aber es schwingt auch Hilflosigkeit und Befremden in den Worten der Kollegen mit: Man kann in diesem kleinen Kosmos nur schwer mit einem Scheitern oder einem momentanen Verlust von Leistung und Funktion und Erfolg umgehen. Es ist ein Tabu. Eine Depression hätte man doch merken müssen! Und wieso ist er depressiv? »Jochen hat doch alles, was man sich wünschen kann: Geld, Spaß, Perspektiven, oder?«, fragt Ines nachdenklich. »Ich glaub nicht, dass er alles hat«, meint Nicola.

Ein Besuch

Am darauf folgenden Wochenende lässt die junge Frau es sich nicht nehmen, Jochen in der Klinik zu besuchen. Nicola ist erschüttert, wie müde er aussieht. So als sei ein rasendes Auto endlich einmal zum Stillstand gekommen. Jetzt erst kann Nicola Jochens Gesicht wirklich eingehend betrachten – und auch das zeigt die ungeheure Erschöpfung an: Schatten unter den Augen, eine fahle Gesichtsfarbe. Einzig das schwarze Haar steht so frech in die Höhe wie immer. Es ist das einzige, was augenblicklich an den »alten Jochen« erinnert und deshalb muss sie lachen. Zunächst war Jochen ihr gegenüber etwas reserviert. Einerseits war er erfreut, dass ihn jemand besuchte, andererseits war ihm sehr peinlich, dass ihn ausgerechnet eine Kollegin in einem so desolaten Zustand sah. Natürlich würde Nicola das den anderen weitersagen – oder etwa nicht? Jochen hatte stets sehr viel auf seine Ausstrahlung und sein Erscheinungsbild gegeben. Und nun lag er so schwach und krank in der Klinik – jedem anderen fiele diese Diskrepanz zwischen Selbstbild und Realität auch schwer. Der coole Jochen jedenfalls war vorerst nicht mehr da.

Kranksein ist ganz normal

Als Nicola so unbeschwert in dem tristen Krankenzimmer lachte, kam ihm das zunächst seltsam vor. Dann aber war Jochen erleichtert, dass die junge Frau die ganze Angelegenheit so selbstverständlich nahm. Er hatte nämlich große Bedenken gehabt, man könnte ihn nun für psychisch gestört halten. Nicht wenige seiner Bekannten und Kollegen hätten dies in Unkenntnis über Phänomene wie Burnout oder Depression vielleicht auch getan. Nicola aber nahm seinen Zusammenbruch hin wie etwas, das eben passieren kann und wovor auch der coolste Typ nicht gefeit ist. Nicht tragisch – außer man macht so weiter, als sei nichts geschehen, als habe es nicht diesen Warnschuss eines Burnout-Syndroms gegeben. Wie auch bei anderen Betroffenen der Fall, hatte Jochen dessen Zeichen einfach ignoriert in der Hoffnung, diese lästigen Zustände wie Kopf- und Nackenschmerzen oder die zunehmende Abstumpfung seines Gemüts und seiner Sinne, die er immer hektischer und verzweifelter zu betäuben suchte, würden sich schon wieder legen.

Ein erstes Aufwachen

Nicola hatte ihm etwas mitgebracht. Es waren drei Zweige, daran leuchtende orangefarbene Früchte, wie er sie noch nie gesehen hatte. Eine farblich dazu passende schlichte Vase hatte sie auch dabei: Als Nicola nach einem kurzen, merkwürdig heiteren und fast vertrauten Gespräch wieder gegangen war, blieb sein Blick an diesen Zweigen hängen und wanderte über diese auffälligen Formen und die Glasur der Vase, die braun war mit winzigen orangefarbenen Sprenkeln. Auf einmal sah Jochen darin eine vollkommene Ästhetik, sein ausgeprägter Schönheitssinn fand daran eine tiefe und gleichzeitig ganz unspektakuläre Freude – und sogar ein wenig innere Ruhe. Wie ungewohnt, zu schweigen und zu genießen. Wann war das zuletzt der Fall gewesen? Muss man im Krankenhaus liegen, um wieder etwas von der Welt zu begreifen?, fragte er sich, plötzlich wieder mutlos geworden.

Es kann jeden treffen

Dies ist eine sehr wichtige Burnout-Lektion: Es kann *jeden* Menschen treffen: ob erfolgreich oder nicht, ob beliebt, begehrt oder das krasse Gegenteil. Daher kann dieses Krankheits-Syndrom auch Menschen betreffen, die wir ganz selbstverständlich auf der Sonnenseite des Daseins vermuten, weil wir es nicht besser wissen. Oft denken wir, der Besitz von Statussymbolen, ein guter Beruf oder ein reges Sozialleben garantiere bereits ein seelisch stabiles, gesundes Leben. Doch wir wissen, dass ein bestimmter Typus Mensch besonders gefährdet ist: Der Burnout trifft all diejenigen Charaktere, die, auf welche Weise auch immer, über einen *subjektiv empfunden zu langen Zeitraum* ihre emotionalen, seelischen oder körperlichen Reserven aufgebraucht haben – und dies eine gewisse Zeit lang nicht zugeben können oder wollen. So überziehen sie sozusagen ihr »Ressourcen-Konto« mehr und mehr. Die Erwartungen an sich selbst können immer schwerer erfüllt werden. Aufgeben oder kürzer treten wird mit Schwäche assoziiert. Das kann auch auf höchster gesellschaftlicher Ebene geschehen. Wie bei der japanischen Kronprinzessin Masako, die, wie es so schön im Hof-Protokoll heißt, unter »Anpassungsschwierigkeiten« leidet. Prominente Fußballer oder Skispringer können darunter leiden, Schlagersternchen oder Menschen wie Sie und ich. Wer über seine Kräfte lebt, bekommt die Rechnung früher oder später präsentiert. Der Zinssatz ist außerordentlich hoch.

Leistung und Leere

»Ich werde es euch zeigen«, war Jochens Lieblingsgedanke, der ihn für manche emotionale und physische Durststrecke entschädigte. Einfach nur begabt und beliebt sein genügte dem jungen Mann keineswegs: Er musste schon doppelt und dreifach so viel Engagement beweisen und auch in seiner Freizeit immer etwas Besonderes sein – jemand, den man um Kontakte und Auftreten beneidete. Jochen hatte indes nicht damit gerechnet, wie viel Kraft ihn das alles kostete. Irgendwann in den letzten zwei Jahren hatte sich sein Leben irgendwie verselbstständigt und so stark beschleunigt, so als rase er einen Berg ohne Bremse hinab. Dieses Gefühl, das einem Sog glich, kam ihm zwar hin und wieder blitzartig zu Bewusstsein – aber Jochen beschloss, einfach so zu tun, als wäre alles in Ordnung, als gäbe es diesen schleichenden Verlust der Energie nicht. Diesem Verlust ließ sich schließlich nur mehr durch Aufputschmittel aller Art nachhelfen. Designerdrogen machten das Wochenende zu einem Tanzmarathon.

Er »dopte« sich, wo es nur ging: mit seinen Erfolgen im Beruf, mit Spielen, die ihm einen Adrenalinkick bescheren sollten, mit Sport und Fitnesstraining. »Je mehr man zu tun hat, desto seltener muss man Leere empfinden und aushalten«, lautete seine Devise. Jochen wusste schon, wovon er sprach.

Erfahrung und Realität

Denn kaum war er zu Hause, überfiel ihn eine fürchterliche unruhige Trostlosigkeit. Jochen kam sich so nichtig, ja gar nicht existent vor, wenn es einmal ruhig um ihn war. Er brauchte die Außenwelt wie einen Spiegel, der sein Bild reflektierte. Ohne den Blick von außen fand er sich selbst nicht. Allein für sich zu sein, war schon seit Kindheit etwas, das Jochen geflissentlich mied. In Jochens Familie erwartete man finanziellen Erfolg und Leistung von ihm. Diese Haltung war ganz selbstverständlich und nicht zu hinterfragen. Seine ältere Schwester Mia erfüllte die Erwartungen der Familie, weshalb sie ihm schon während Schulzeit und Studium gerne als Vorbild hingestellt wurde. Mochte Mia strebsam, genügsam und hoch qualifiziert sein, er empfand sie als eine Spießerin, wie sie im Buche stand. Auch der kleine Bruder Malte machte seine Sache von Anfang an gut. Jochen, der seit Kindertagen eher das *enfant terrible* dieser Familie war, widersetzte sich den Erwartungen insofern, als er nicht, wie man es in stillschweigender Übereinkunft wünschte, Betriebswirtschaft studierte. Er wählte nach Fähigkeit und Neigung – eine Entscheidung, die allerdings mit umso größerem Erfolg kompensiert werden musste. Denn die Gruppe der IT-Hochbegabten, wozu er ganz unzweifelhaft gehörte, war seinen Eltern ganz grundsätzlich fremd. Sie konnten weder mit der ganzen Technik, noch mit vernetzten Fantasyspielen oder Programmiersprachen etwas anfangen. Ein bisschen mailen, im Internet versteigern – aber damit war es auch schon getan. Jochen konnte sich, was seine Interessen und auch Erfolge betraf, nur mit seinesgleichen austauschen.

Suchtverhalten

Immerhin wurde sein Können von der Gesellschaft belohnt durch einen hervorragenden Verdienst. Jochen verdiente mehr als gutes Geld, das er auch gerne und exzessiv unter die Leute brachte. Er war ein regelrechter Konsumfreak. Auch das putschte ihn auf, verlieh ihm ein rauschhaftes Gefühl, nach dem er sich sehnte. In der Hauptsache investierte Jochen in Klamotten, Möbel, Musik und Ausgehen. Dagegen war zunächst nichts einzuwenden gewesen, wäre er je dazu gekommen, sich die Aufnahmen auch konzentriert anzuhören. Teilweise blieben die Klamotten unausgepackt irgendwo liegen. Und seine Wohnung wurde trotz aller sündteurer Accessoires doch nie so, wie er es sich vorgestellt hatte. Etwas schien immer zu fehlen. Erst spät kam Jochen dahinter, dass es zwar ein nobles Dach über dem Kopf, aber kein Zuhause war, kein Ort, der einen aufnahm und an dem man gerne war. In seinem sozialen Leben verfuhr Jochen ganz ähnlich. Er hatte viele oberflächliche Bekanntschaften, die ihn genauso mochten, wie er war: überdreht, exzessiv, einer, der die anderen mit seinem Enthusiasmus mitriss.

Jochen allein zu Haus

Der junge Mann konnte sich beim besten Willen nicht vorstellen, dass man auch den Jochen mögen könnte, der zu Hause vollkommen verzweifelt die Möbel anstierte und nach kurzer Zeit das Weite und den nächsten Kick suchte, wenn er alleine war – und doch nur Ersatz fand. Dazu konsumierte er wie wild alles, was auf dem Markt zu haben war. In ganz ähnlicher Weise konsumierte Jochen auch Sex, da er es zu näheren Begegnungen in der Regel kaum kommen ließ. Obwohl er sich nach Geborgenheit und Liebe sehnte. Dabei war ihm schmerzlich bewusst, wie wenig seine Persönlichkeit seinem Bild von sich wirklich entsprach! Es war nur gelungene Projektion ohne viel Gehalt. Wie hätte er das je einer Frau beibringen sollen, die sich ja in den allzeit gut gelaunten Partygänger verliebte? So führte Jochens Leben nicht nur in einen Teufelskreis von gesundheitlichem Raubbau, sondern auch in eine immer auswegloser erscheinende Einsamkeit. Alle diese Faktoren führten schließlich in jenem Winter dazu, dass er bei einem Besuch bei seinen Eltern »zusammenklappte«. Der eilig gerufene Arzt sprach über eine Stunde ernsthaft mit Jochen. Und dann war die Diagnose für ihn klar: Burnout-Syndrom.

Bergauf

In der Situation, in der sich Jochen augenblicklich befindet, kann es eigentlich nur noch aufwärts gehen. Denn schlimmer als es war kann es nun kaum mehr werden. Der verhängnisvolle Kreislauf ist unterbrochen, eine Feder gesprungen, der Zenit der permanenten Selbstüberforderung überschritten. Jochen hat zumindest begriffen, dass etwas Grundlegendes schief gelaufen ist. Und er hat mittlerweile auch begriffen, dass er sich deshalb nicht zu schämen braucht. Jochen braucht Hilfe, das ist nun klar. Wie nötig er auch Freunde braucht, ist ihm erst jetzt bitter bewusst geworden. Seine hektische Oberflächlichkeit hat ihm jedenfalls keine nennenswerten Freundschaften gebracht. Als er eines Nachmittags bilanziert, fällt ihm auf Anhieb niemand ein. Aber – Nicola besucht ihn regelmäßig. Jochen hat sie so lange nicht wahrgenommen, weil sie in seinen Augen keine auffällige Persönlichkeit war. Nun, da er sie besser kennen lernt, erlebt er Nicola als sehr selbstsicher und schon allein deshalb findet er sie interessant.

Nur Geduld

Woher kam diese Souveränität nur? Wieso brauchte Nicola dieses ganze Theater rund ums Ego nicht? Wieso kam sie mit den Anforderungen an sich selbst zurecht? Konnte sie besser die Dinge voneinander trennen? Vielleicht wusste Nicola ja, wie man ruhige Selbstgewissheit erlangen könnte. Aber das ist nicht alles: Mehr und mehr erfreut Jochen sich an ihrem lebhaften Gesicht, dessen Attraktivität von Tag zu Tag zunimmt. Jochen bezweifelt – wie übrigens auch Nicola – dass er im Augenblick eine Frau braucht. Zunächst benötigt er ganz dringend einen guten Freund, der ihn auch mit seinen ganz normalen Schwächen akzeptiert. Dann kann er daran gehen, seine Leere und Einsamkeit, die durch wilde Betriebsamkeit kaschiert wurde, überwinden zu lernen. Wahrscheinlich wird er erst dann dazu fähig sein, einem anderen Menschen wirklich etwas zu geben. Jetzt muss Jochen erst einmal mit sich zurechtkommen. Wir haben keine Wahl, als uns selbst freundschaftlich gegenüberzustehen und akzeptieren zu lernen: In jeder Lebenslage, ob stark oder schwach wie jetzt, wo ein Burnout aus Überforderung auf der ganzen Linie entstanden ist. Übrigens: Aus Freundschaft kann auch Liebe werden.

Therapeutische Hilfestellung

Jochen hat im Laufe seines Lebens eine schwere Selbstwertproblematik entwickelt, die er mit Überengagement und einer »Sonnyboy-Fassade« zu kompensieren versuchte, was ihm bisher auch gelang. Dabei hat er ein »falsches Selbst« aufgebaut, um »es den anderen zu zeigen« und sich selbst darüber verloren. Solche neurotischen Muster kosten viel Energie und führen zu einem Gefühl von innerer Leere, die Jochen mit manischer Hyperaktivität abwehrt. Sein Körper hat ihm nun – glücklicherweise – ein Warnzeichen gesetzt. Jochens Fehlverhalten hat vermutlich vor allem mit seinem hoch leistungs- und wenig personenbezogenen Elternhaus zu tun. Er muss jetzt zunächst die somatischen Folgen seines Burnout-Zustands auskurieren und anschließend in einer Psychotherapie an den Ursachen arbeiten, sonst wird er früher oder später nach einer Besinnungsphase wieder in sein altes Verhaltensmuster zurückfallen.

Ich habe dir alles gegeben – ich kann nicht mehr!

Susanne, 33, ist eine auffallend zarte, blonde Frau, die man sehr hübsch nennen könnte, beherrschte nicht ein deutlich vergrämter Zug dieses feine Gesicht mit den großen blauen Augen. Dennoch fordert ihre Zierlichkeit und die verhaltene Trauer, mit der sie einen ansieht, in jedem Betrachter geradezu einen Beschützerinstinkt heraus. Möchte man zumindest annehmen. Ihre Freunde und Bekannten machen sich zwar immer wieder Sorgen um die fragile Susanne – andererseits haben sie wirklich keine allzu große Lust mehr, diese ganze Misere immer und immer wieder zu erörtern. Sie haben es ja immer schon gesagt, dass das mit Sven und ihr nichts wird und nichts werden kann! So geht es nun schon seit einigen Jahren, und Susannes seelischer und auch körperlicher Zustand hat sich dabei stetig verschlechtert. So sehr, dass sie auch keine große Freude mehr an ihrer Arbeit als Abteilungsleiterin in der Modeabteilung eines Kaufhauses empfindet. Dabei war diese Branche schon von Jugend an ihre Welt. Nichts liebte Susanne mehr, als stundenlang in Modeheften zu schmökern, Farben und Stoffe harmonisch aufeinander abzustimmen – sei dies nun bei ihrer eigenen Garderobe oder in der Ästhetik ihres Wohndesigns. Susanne ist genau der richtige Mensch, um mit schönen Dingen umzugehen.

Was steckt dahinter?

Was ist denn bloß mit Susanne los? Warum bezeichnet sich die junge Frau neuerdings als »nervlich, seelisch und emotional am Ende«? Keine Frau, sondern ein Mann steckt dahinter. Und was für einer! Sven ist ein sehr attraktiver, erfolgreicher Mann und kommt ebenfalls aus der Modebranche: Er ist Einkäufer bei einem der wichtigsten tonangebenden Markentextilhersteller. Die beiden hatten sich vor drei Jahren auf der Messe in Mailand kennen gelernt. Mit instinktiver Sicherheit hatte sich Sven damals genau in Susanne verliebt – auf den ersten Blick. Die um einiges jüngere Frau appellierte an eine gewisse väterliche Empfindung in ihm, gepaart mit großer erotischer Anziehungskraft. Susanne sah damals sehr gut aus, am Messestand lachte sie mit allen Kunden, die sie sichtlich ins Herz geschlossen hatten.

Faszination und Eroberung

Auch Sven zeigte sich fasziniert von Susannes Charme – und beschloss, sich diese bezaubernde blonde Frau einmal näher anzusehen. Nicht ohne Hintergedanken. Schon am zweiten Abend lud er sie zum Essen ein. Susanne nahm mit strahlenden Augen so erfreut an, als habe sie insgeheim darauf gewartet. Schon nach kürzester Zeit fühlte Sven, dass Susanne seinem vehementen Werben kaum widerstehen konnte, und das reizte ihn natürlich erst recht. Susanne schien überdies so *echt* verwirrt, das fand er unwiderstehlich süß. Denn Sven, 15 Jahre älter und ein ausgesprochener *womanizer*, ist mittlerweile in Liebesdingen an etwas mehr Routine gewöhnt. Sowohl zu Hause – denn er ist seit zwanzig Jahren verheiratet und hat drei Kinder – als auch mit den verschiedenen Geliebten, mit denen es nach einiger Zeit leider immer wieder Ärger gab. All diese Frauen wollten viel zu viel – nämlich ihn mit Haut und Haar.

Gewissensbisse

Susanne verliebte sich so sehr in Sven, dass sie die anfänglichen starken Gewissensbisse bewusst niederzukämpfen versuchte. Ich werde nicht die erste sein, die Sven so dermaßen im Sturm erobert, sagte Susanne sich – und hatte damit natürlich recht. Am Anfang war diese Situation der Geliebten auch unglaublich aufregend – zumal man sich auf Messen in den schönsten europäischen Städten treffen konnte und dort jeglichem Alltag ohnehin quasi entrückt war. Zu Beginn dachte Susanne auch nicht daran, wie anstrengend und im Grunde unbefriedigend eine solche Situation werden kann. Sie genoss die Leidenschaft des älteren Mannes, seine Weltläufigkeit und Bestimmtheit und war einfach froh, wann immer er in ihrer Nähe war. Sven hingegen war entzückt von ihrer sanften Schönheit, ihrer Geduld und ihrem Humor – von ihrem Körper ganz zu schweigen. Er wusste schon, dass er etwas ganz Besonderes errungen hatte: ein überaus sensibles Geschöpf. Heute ist diese Bezeichnung für ihn nicht mehr ganz so positiv – denn Susanne stellt auch Ansprüche.

Erwartungen und Ansprüche

In Konstellationen wie diesen geht alles gut, solange der Status quo erhalten bleibt. Das heißt, ein gewisses unausgesprochenes Arrangement, was die gemeinsame Zeit betrifft: Kein langes Gesicht vor allem an den Feiertagen, weil Susanne alleine mit den Eltern vor dem Christbaum sitzen und sich ihre Kommentare anhören muss. Das bedeutet, nur in noblen Hotelzimmern in Turin oder Barcelona miteinander aufwachen zu können, aber niemals ganz alltäglich in der eigenen Wohnung in der Heimatstadt, wie andere Liebende es tun. Das Arrangement bringt auch mit sich, Sven nicht mit alltäglichen Sorgen oder Nöten zu kommen, um dieses brisante Gemisch aus erotischer Attraktion und unverbindlicher Fremdheit nicht zu gefährden. Eins war für Sven klar: Aus der Geliebten sollte keine Ehefrau werden – denn in diesem bürgerlichen Arrangement wird der Alltag miteinbezogen. Dort herrschen Vertraut- und leider auch Gewohnheit.

Ehe und Verpflichtung

Falls eine seiner Geliebten aus dem von ihm gewünschten und etablierten Aktionsradius ausbrechen wollte – Sven reagierte in aller Regel äußerst empfindlich darauf. Susanne tat dies, indem sie mehr und mehr Zeit und Zuwendung, ja, in ferner Zukunft ein gemeinsames Leben von ihm verlangte. Doch dazu ist Sven nicht bereit – so bezaubert und hingerissen er von der jeweiligen Frau auch sein mag. Da Sven jedoch weiß, dass eine klare Aussage in dieser Hinsicht seine Chancen empfindlich schmälert, stellt er eine Trennung zwar nicht explizit in Aussicht, belässt es aber beim Vagen. Im Grunde jedoch denkt er nicht daran, seine Ehe allen Ernstes aufzugeben. Wozu auch? Das ist doch die beste aller Welten – wie es für die vielen Frauen gilt, die einen Geliebten haben: Die Bedürfnisse nach emotionaler Geborgenheit und aufregendem Sex sind oft nur schwer miteinander zu vereinbaren. Auf letzteres verzichten jedoch kann und will man nicht – Hauptsache, es kommt sich nichts in die Quere. Natürlich sind in Svens Fall auch starke emotionale Bindungen am Werke: Abgesehen davon, dass dies für die Kinder ein Desaster wäre, könnte er seiner Frau Sonja einfach nicht wehtun. Sie soll es nicht erfahren, schließlich ist es primär eine Erfüllung erotischer Spannung, die er mit Susanne findet. Er liebt Sonja in gewisser Weise, er schätzt sie ungemein, und für seine Kinder gibt es keine bessere Mutter auf der Welt. Dass er sie nicht mehr begehrt, ist schade, aber nicht zu ändern, deshalb muss er ja nicht leben wie ein Mönch – so hat er sich sein Selbstbild gebastelt.

Ernüchterung

So wenig romantisch, wie das alles klingt, so prosaisch wird es in der Tat, reduziert man das Gefühlsleben Svens auf seine Essenz. Dann nämlich wird die Ehefrau immer wichtiger, die Geliebten, so reizend sie sein mögen, treten zurück. Denn lieber opfert er diese als seine »intakte« Familie. Susanne wollte dies so lange nicht wahrhaben: Sie liebt Sven, sie glaubt ihn zu lieben, denn sie kennt ihn ja nicht mit seinem Alltagsgesicht. Sie hat ihn kaum je gestresst, schwach oder gar krank erlebt. Im Gegenteil: Er benimmt sich ihr gegenüber stets vorbildlich und zuvorkommend und genießt das Spiel der Verführung immer wieder aufs Neue – solange ihn Susanne nur mit diesen traurigen Augen verschont. Weshalb ist sie denn so unglücklich? Gibt es denn irgendeinen Grund? »Ja«, meint sie und schmiegt sich an ihn, »ich hätte gerne mehr von dir.« Bei diesen ihm aus anderem Mund wohl vertrauten Worten wird Sven nachdenklich, worauf er mit leicht enerviertem Tonfall seufzt: »Nun geht das also schon wieder los!« Susanne fühlte diese plötzliche Distanz und riss sich augenblicklich zusammen. Sie tat so, als sei nichts gewesen und küsste ihn. Das war vor zwei Jahren.

Emotional ausgelaugt

Bei vielen Menschen ist die Anstrengung des Berufslebens dafür verantwortlich, dass sie sich leer und erschöpft sowie zunehmend krank fühlen. Private Probleme können diese Symptome noch verstärken, familiärer Zusammenhalt oder häusliche Harmonie (oder doch wenigstens etwas in dieser Richtung) hingegen kann bei einem Burnout-Syndrom viel ausrichten. Was aber, wenn die seelische und geistige Erschöpfung sowie körperliche Symptome wie rasende Kopfschmerzen oder psychosomatische Beschwerden sich im intimsten Bereich gründen – unserem Liebesleben? Die Sphäre, wo wir am verletzlichsten und bedürftigsten sind? Denn Susanne kommt mit ihrem Leben ansonsten gut zurecht. Sie hat auch einen Freundeskreis – den sie allerdings mehr und mehr meidet, weil Susanne die, wie sie meint, »mitleidigen bis abschätzigen Blicke der Ehefrauen« nicht mehr ertragen kann. Bei ihr liegt der »Krankheitsherd« in ihrer Beziehung zu Sven, die ihr mehr und mehr Sorgen bereitet.

Stagnation

Fast sieht es aus wie ein amouröses Machtspiel: Entzieht Susanne sich, umwirbt Sven sie erst recht – dann ist die junge Frau ganz besonders begehrenswert für ihn. Da Susanne ihn liebt, wie sie beteuert, lässt sie sich immer wieder gewinnen und genießt dabei ihren Einfluss auf den älteren, erfolgreichen Mann, der ihr schon aufgrund seiner Lebenserfahrung in vielen Dingen weit voraus scheint. Doch Susanne hat schon ein paarmal versucht, sich endgültig von Sven zu trennen, weil er keinerlei Anstalten macht, dieses »Arrangement«, wie er es selbst nennt, zu ändern. Das geht nun seit vier Jahren so. Kaum hat Susanne sich wieder einmal schweren Herzens entschlossen, ihm den Rücken zu kehren, setzt jedes Mal eine regelrechte Belagerung ein. Kaum versucht sich Susanne wenigstens pro forma für einen anderen Mann zu interessieren, so kann man darauf wetten, dass Sven dafür erst recht eine geradezu fantastisch sensible Antenne besitzt und alles tut, um die »abtrünnige« Geliebte wieder zu erobern.

Wunsch und Realität

Sitzt Susanne aber abgekämpft, traurig und müde von allem zu Hause und wartet auf einen Anruf oder eine liebevolle SMS, so geschieht überhaupt nichts. So als könne Sven sie sehen und ihrer dabei ganz sicher sein. In solchen Fällen hält wiederum Susanne die Sehnsucht nach ihm kaum mehr aus und meldet sich schließlich unter dem nichtigsten Vorwand wieder bei ihm. Anschließend versucht sie mit zunehmender Verzweiflung, wieder ausschließlich die *Geliebte* Susanne zu spielen: jene souveräne, geheimnisvolle Frau ohne Ansprüche außer dem einer erfüllten Sexualität. Immerhin das ist wirklich gegeben, da Sven ein ausgezeichneter Liebhaber ist. Was die Entscheidung, ihn zu verlassen, natürlich auch nicht leichter macht. Diese Situation muss beinahe zwangsläufig irgendwann eskalieren, nachdem Erwartungen und Ansprüche beider kaum mehr miteinander vereinbar sind. Die Affäre geht weitgehend nach Svens Diktat, er bestimmt die Linie.

Ängste auf beiden Seiten

Jeder von Susannes Versuchen, hart zu bleiben oder von ihm wegzukommen, scheitert. Denn sie hat so große Angst vor dem Alleinsein. Mittlerweile ist Susanne derart unsicher, dass sie sich denkt: lieber ihn als gar niemanden. Finde ich überhaupt noch einmal eine solche Liebe? Schließlich ist doch auch in anderen Beziehungen nicht alles perfekt. Unter dem Etikett »nicht alles perfekt« subsumiert die junge Frau die Tatsache einer Ehe, die Existenz der Kinder sowie die ganz offensichtliche Unwilligkeit Svens, irgendetwas an dem praktischen Arrangement zu ändern. Doch auch wenn es nicht so scheinen mag, ist es in Svens Fall auch nicht der pure Egoismus oder nur Berechnung: Er ist emotional gar nicht in der Lage, sich zu entscheiden.

Emotionale Unreife

Sven ist hin- und hergerissen, tendiert mal in diese, dann in jene Richtung, er braucht beide Welten. Allein die Aussicht, seiner Frau und Freundin reinen Wein über sich selbst einzuschenken, treibt Sven den Schweiß auf die Stirn. Auch er tut sich mit seinen Affären mehr Stress an, als ihm gut tut. Aber er glaubt, darauf eben nicht verzichten zu können. Ebenso wenig wie auf sein Familienleben – das er beinahe als einen schützenden Hafen, als harmonische, nicht fordernde Idylle stilisiert – ohne in diesem beeindruckenden Tableau das deprimierte Gesicht seiner Frau Sonja wirklich wahrzunehmen. Natürlich merkt sie etwas – aber sie ist sich auch sicher, dass ihr Mann ihr niemals die Wahrheit sagen würde. Er war immer diskret.

Ein Blick zurück

Welche konkreten Eigenschaften bzw. Erfahrungen begünstigen eigentlich eine derart unbefriedigende Konstellation bzw. ein zähes Festhalten ohne Kraft und Fähigkeit zu aktivem Handeln oder zu emotionaler Selbstständigkeit? Susanne ist eine sehr weiche, »durchlässige« Person. Ihre Empfindsamkeit sieht man ihr auch an, alles an ihr wirkt differenziert und sensibel. Sie ist eine eher passive Natur, hat wenig bis gar nichts von einer Kämpferin. Sie bewundert Sven neben seiner Bildung, für seinen Geschmack, seine Souveränität auch in höchsten Gesellschaftsschichten, an der sie partizipieren darf. Susanne bewundert ihn sogar für die Art, wie er mit ihr umgeht. Da fühlt sie sich in ihrer Lieblingsrolle als »kleine Frau«, die einen starken Mann quasi »anbetet«. Indes verwechselt Susanne Svens Verhalten mit Männlichkeit und wählt sich genau das Leben, worunter sie mit Sicherheit leiden wird. Wie ein alter, wohl vertrauter Mechanismus greift eins ins andere – denn an dieser Stelle müssen wir noch hinzufügen, dass Susanne eigentlich immer Beziehungen zu verheirateten Männern unterhielt, Männer, die allesamt deutlich älter waren als sie.

Vaterbilder

»*On revient toujours a ses premiers amours*« besagt ein altes französisches Sprichwort: Man kehrt immer wieder zu seiner ersten Liebe zurück. Unsere Eltern prägen im Guten wie im Problematischen vor allem die Kriterien unserer Partnerwahl. Um Susannes Abhängigkeit von Sven besser zu verstehen, sollten wir also einmal ihren Vater bzw. das Verhältnis ihrer Eltern kurz beleuchten. Ihr Vater war ebenfalls ein sehr bestimmter Mann, der sich nahm, was er glaubte, besitzen zu müssen. Natürlich waren das auch Frauen. Obwohl sie seit Kindheit unter der Trauer und Depression ihrer betrogenen Mutter litt, fand Susanne es doch immer wieder verständlich, dass der vitale, lebensfrohe Mann sich eine andere Frau suchte als die passive, oft weinende oder nörgelnde Mutter. Diese entschuldigte das Verhalten ihres Mannes immer wieder, schon allein deshalb, weil sie nie und nimmer in eine Scheidung eingewilligt hätte. Zwar litt sie schrecklich unter der Situation, andererseits aber gestand sie dem Manne generell eine größere und forderndere Libido zu – deshalb wären ja außereheliche Affären gar nicht zu vermeiden. Susannes Mutter arrangierte sich. Und ihre Tochter verinnerlichte diese Konstellation und wiederholte sie.

Aufbruch

Susanne wird sich in absehbarer Zeit mit dem schmerzlichen Gedanken befassen müssen, dass sich an ihrer Situation von selbst *nichts* ändern wird. Entweder sie trennt sich wirklich von Sven – also nicht in der Hoffnung, er käme dann zuverlässig wieder – und lässt sich auf ein Leben ohne ihn bewusst ein, oder es geht weiter wie bisher. Ersteres wünschten sich vor allem ihre Freundinnen für sie: Eigenständigkeit, Mut und die Entwicklung einer erfüllten Liebesbeziehung. Oder Susanne veranlasst Sven, reinen Tisch zu machen und mit seiner Frau zu sprechen. Oft hat sie Lust, dies selbst zu tun. Es hat Fälle gegeben, in denen Frau und Geliebte eine sehr schmerzhafte und dennoch produktive Aussprache hatten – mit dem Ergebnis, dass beide Frauen sich von dem Mann emanzipierten – das Schlimmste, was diesem passieren konnte. Außerdem sollte sich Susanne genau überlegen, ob sie denn Sven *wirklich* gut kennt, sprich: ob ein Alltag mit ihm denn wirklich erstrebenswert ist. Die Rollen der Geliebten und des Liebhabers leiden ja zwangsläufig im Alltag. Hält ihrer beider primär erotische Beziehung diese Vertrautheit aus, mit der die Liebe oft erst beginnt?

Hilfe ist notwendig

Auf alle Fälle aber sollte Susanne bald in irgendeiner Form handeln. Sonst manövriert sie sich immer tiefer in eine Abhängigkeit, die ihr innere Leere, Depression und ein, wie sie sagt, »emotional erloschenes« Gefühl beschert. Eine zutiefst unbefriedigende Liebesbeziehung kann psychosomatisch gravierende Folgen haben: Ein Burnout hat viele Gründe – warum nicht auch eine problematische Liebesbeziehung – oder was man eben dafür hält.

Therapeutischer Hilfestellung

Susanne muss schnellstens innehalten und eine Situationsanalyse beginnen, sonst gehört sie bald zum »Club der Verschlissenen«, die ausbrennen, weil sie nicht »Nein« zu anderen sagen können und zu einem hilflos zappelnden Fisch werden. Susanne zappelt an der Angel von Sven, aber eigentlich an der Angel des Männerbildes, der Beziehung zwischen Mann und Frau, die ihre Eltern ihr vorgelebt haben. Ihr ist dringend eine Einzeltherapie zu empfehlen, die auf dieses Thema fokussiert ist – vielleicht flankiert von einer Selbsthilfegruppe von »Langzeitgeliebten«, um sich so vom Lebensstil ihrer Eltern und dem jetzigen Beziehungsstil zu Sven zu emanzipieren.

Unser Kind ist krank

Tom, 37, und Birgit, 36, sind wahrscheinlich mit Abstand die zwei tapfersten Menschen, die Theo je kennen gelernt hat. Sie klagen niemals, obwohl sie so wenig Zeit für sich allein haben und eigentlich jede Minute des Tages komplett durchorganisiert sein muss. Kein Wort des Selbstmitleids oder der Bitterkeit kommt den beiden über die Lippen, obwohl sie seit Jahren alle Kraftreserven für den Alltag mobilisieren müssen. Von den Ferien ganz zu schweigen. Theo kennt Tom schon seit vielen Jahren aus der Laien-Theatergruppe, als der heute zehnjährige Arne noch nicht auf der Welt war.

Alles verändert sich

Damals pflegten die beiden noch einen großen Freundeskreis, führten ein reges kulturelles Leben, und auch die Tochter Sara entwickelte sich gut. Temporäre Probleme wie Toms Arbeitslosigkeit ließen sich lösen. Als Touristikfachmann arbeitet Tom in einer schrumpfenden Branche – daher hat er schon mehrmals seinen Arbeitgeber gewechselt. Schließlich machte er sich selbstständig – auch um mehr als früher zu Hause sein zu können. Seine Frau, künstlerisch sehr begabt, hatte Kunsterziehung auf Lehramt studiert, ihre Ausbildung jedoch nicht beendet. Unmittelbar vor dem Beginn der einjährigen Prüfungsphase nämlich wurde sie wieder schwanger. Schon die Schwangerschaft war sehr problematisch, Birgit musste fast die ganze Zeit im Krankenhaus liegen. Nach der Geburt des Kindes stellte sich heraus, dass Arne an einer seltenen Form von Stoffwechselstörung leidet. Seither ist die Welt, das Familienleben und das Bewusstsein der Kraft, für alle Familienmitglieder eine ganz andere geworden.

Im Dauerstress

Das Ergebnis von permanenter (Über-)Forderung besteht nicht allein in einem Burnout – mit diesem Begriff ist ja schon angedeutet, dass die Energie aufgezehrt ist und dass augenblicklich auch keine weiteren Reserven zur Verfügung stehen. Mütter mit Kindern sind ohnehin oft von diesem Syndrom betroffen. Wie in bestimmten Berufen, in denen ebenfalls sehr hohe soziale und psychische Ansprüche gestellt werden, fühlt sich auch eine Mutter mit Recht oft überfordert. Umso mehr empfinden dies Eltern mit einem chronisch kranken oder behinderten Kind. Diese lernen zwangsläufig Dinge kennen, mit denen sich andere Menschen nie beschäftigen müssen: beispielsweise sich um finanzielle Hilfen bei der Betreuung zu kümmern, ein oft so entwürdigender wie deprimierender Amtsweg. Hinzu kommt die *beständige* Sorge um das Kind. Man kann nicht, wie in einem stressigen Job immerhin manchen möglich, abends buchstäblich »abschalten«. Denn das Kind wird ja nicht, wie andere, einmal sein Leben ganz allein meistern lernen, es ist auf die Hilfe seiner Eltern unausgesetzt angewiesen. Auch um gesunde Kinder trägt man schon genügend Sorge: »Findet unser Sohn gute Kontakte und Freundschaften? Wird er die Schule schaffen? Wieso ruft der Junge nicht an?« Im Vergleich zu einem Leben mit einem kranken Kind sind das bloße Lappalien. Denn dieses erfordert eine beständige Nähe und Aufmerksamkeit der Eltern, oft sind ja Eltern und Geschwister außerhalb der Förderschule der hauptsächliche Kontakt zur Außenwelt.

Kampfeswillen und schleichende Resignation

Es ist in der Tat für einen Außenstehenden kaum vorstellbar, wie sehr die familiäre und die seelische Balance erschüttert oder zermürbt werden können, wenn ein Kind krank oder behindert ist. Alles, was für andere Familien so selbstverständlich stattfindet, dass man gar nicht mehr darüber nachdenkt: Spontaneität, gemeinsame Unternehmungen, Zeit füreinander ... All das ist in einem solchen Fall erschwert, wenn nicht unmöglich gemacht. Die Betreuung und Förderung verschlingt oft alle Energie, und so entstehen beinahe zwangsläufig Defizite: gesunde Geschwister werden einesteils überfordert und leider oft auch seelisch vernachlässigt, weil sie ja »selbstständig« sind und nur allzu oft zurückstehen müssen. Auch das ist eine sehr schmerzliche Erfahrung, um die die Eltern wissen. Doch sie sind meist derart vom Alltag gefordert, dass man sich wundern muss, wo sie überhaupt ihre Kräfte hernehmen.

Ein gesellschaftliches Problem?

Oder haben wir nur mehr und mehr verlernt, mit im Grunde selbstverständlichen Forderungen, wie z. B. der Pflege eines kranken Familienmitgliedes, adäquat umzugehen? Krankheit und Behinderung sind nichts Selbstverständliches. Oft empfinden sich betroffene Eltern oder Familien isoliert, mit Neugierde oder Argwohn betrachtet, ja begafft. Eine Gesellschaft, die den perfekten Body und das perfekte Funktionieren erwartet, kommt nur schwer zurande mit den Schwachen, den Kranken und Hinfälligen. Unangenehmes oder Problematisches wird weitgehend ausgeklammert – und viele davon direkt oder indirekt betroffene Menschen mit ungeheuren Schwierigkeiten bleiben allein gelassen. Während sie kämpfen, die Zähne zusammenbeißen und, wenn sie keine Kraftreserven mehr haben, mehr und mehr erschöpft sind, resignieren und schließlich krank werden. Der klassische Burnout.

Kämpfe an allen Fronten

Tom, Birgit und Sara tun alles, was in ihrer Macht steht für den kleinen Arne, engagieren sich im Bunten Kreis, sind im Elternbeirat der Schule, von der Odyssee durch Kliniken in ganz Deutschland ganz zu schweigen, um die beste Therapie für den kranken Jungen zu bekommen. Da hauptsächlich Tom für den Lebensunterhalt aufkam, übernahm Birgit neben der häuslichen Arbeit auch die zahllosen Arzttermine, die Zeiten im Krankenhaus sowie die Kommunikation mit der Schule.

Persönlichkeit

Diese ist nicht immer problemlos, denn Birgit ist eine Frau, die kein Blatt vor den Mund nimmt. Oft schon hat sie sich ziemlich unbeliebt gemacht mit ihrer kühlen, analytischen Art, die Versäumnisse beim Namen zu nennen, anstatt diplomatisch zu sein. Für Diplomatie hat Birgit weder Zeit noch Kraft. Auch mit so manchen Ärzten gab es immer wieder Auseinandersetzungen, wobei tatsächlich Birgit oft Recht behielt. Wie eine Löwin kämpft sie darum, dass es Arne besser geht und dass er wenigstens eine gangbare Perspektive im Leben hat, wenn seine Eltern einmal nicht mehr sind. Denn Arne wird wahrscheinlich immer auf fremde Hilfe angewiesen sein. Die Lebensqualität und Selbstständigkeit, die *möglich* ist, wollen und werden seine Eltern ihm erstreiten und erkämpfen.

Der Preis ist hoch

Ab und zu hört Theo von beiden, die im Gegensatz zu früher natürlich viel zurückgezogener leben. Er schätzt das Ehepaar auch als treue Freunde aus früheren Tagen, so lässt er es sich nicht nehmen, ab und zu anzurufen und, wo nötig, seine Hilfe anzubieten, z.B. bei dem Umzug, der erst ein halbes Jahr zurückliegt. Doch Theo weiß, dass es viel zu wenig ist, was er für die beiden tun kann. Beim letzten Telefonat musste er hören, dass Birgit krank geworden ist: Sie leidet an Asthma und, so Tom, an depressiven Verstimmungen. »Es ist ja auch kein Wunder«, meint Tom und schafft es dabei, nicht verbittert zu klingen, »sie verausgabt sich vollkommen. Früher hatte sie viel mehr Energie, scheint mir. Sie müsste mal etwas anderes sehen, aber momentan geht es einfach nicht«. »Und wie steht es mit Dir?«, fragt Theo. Tom flüchtet sich, wie er es immer tut, in seinen bitteren Witz.

Burnout

Birgit fühlt sich seit einigen Monaten extrem kraftlos, und dennoch versucht sie alles, um sich das nicht anmerken zu lassen. Was würde es auch helfen? Verbissen kämpft sie um die Energie ihrer früheren Tage, als sie mit ihrem Kunststudium noch eine Perspektive für sich selbst hatte, die ihr Kraft gab, und betreibt dabei natürlich auch ziemlichen Raubbau an ihrer Gesundheit. Sie raucht viel zu viel, sie isst nicht so gut, wie sie sollte. Kochen ist auch keine Muße wie bei anderen, es ist immer nur eine notwendige Zwischenstation, um weiter zu hetzen. Manchmal ist es so, dass Birgit gar nichts mehr fühlt außer ihrer großen, beinahe erdrückenden Verantwortung, die aus der großen Sorge um die Kinder entsteht. Sie ahnt, dass Sara in vielen Dingen zu kurz kommt – und dasselbe gilt für ihrer beider Ehe und Liebesbeziehung. Sie weiß auch ganz gewiss, dass sie selbst auch zu kurz kommt – sie ist ein Wesen, das funktionieren muss, es gibt keinen Ausweg. Oder vielleicht doch?

Dauerstress macht nachweislich alt

In Fällen wie diesen kann man therapeutisch *unterstützend* wirken – man kann den Umgang damit ändern, die Ursache dieses Burnouts mit all seinen Symptomen ist das kranke Kind, und daran lässt sich nichts ändern. Man kann versuchen, mit der hoffnungslos überlasteten Birgit gemeinsam Kraftressourcen zu erschließen, die ihr etwas mehr Energie und Lebensfreude ermöglichen. Denn sie fühlt sich, wie sie es sagt, »momentan uralt«. Leider hat das in gewisser Weise auch seine Berechtigung: Jüngste Studien von Elissa Epel und ihren Kollegen von der University of California haben ergeben, dass häuslicher Stress Menschen in der Tat schneller altern lässt. Das, was Birgit fühlt, ist wissenschaftlich nachgewiesen: Die durch Stress stattfindende Alterung ist auf molekularer Ebene zu belegen. Dauerstress führt zu einer rasanten Verkürzung der so genannten Telomere, die an den Chromosomen-Enden sitzen. Ab einer bestimmten Kürzung gilt die Zelle als alt und wird »entsorgt«. Dieses Phänomen wurde an

Müttern mit chronisch kranken Kindern festgestellt. Verglichen mit ihren nicht ständig überforderten, nicht ständig mit Fürsorge beschäftigten »Kolleginnen« – Mütter mit gesunden Kindern also – kann eine betroffene Frau im Durchschnitt um zehn Jahre schneller altern – zumindest, was die Telomerlängen anbelangt. Dauerstress erzeugt demnach eine Diskrepanz zwischen faktischem und biologischem Alter. Und ihr augenblicklich »gefühltes Alter« hat uns Birgit ja schon mitgeteilt, aussagekräftig und präzise: »uralt«.

Konstitution

Birgit und Tom waren immer schon Kämpfer, die es in vielerlei Hinsicht nicht leicht hatten. Augen zu und durch, hieß es daher oft in ihrer beider Leben – zu oft, um Zutrauen in das Leben und stabile Beziehungen zu entwickeln. Das wollten sie bei ihren Kindern anders machen! Sie möchten für sie da sein, wenn diese Kummer haben. Hilfe und Unterstützung hatten die beiden Menschen von Seiten ihrer jeweiligen Familien bedauernswert wenig. So ist mit den Jahren auch ein Gefühl des »Wir gegen den Rest der Welt« entstanden – eine in dieser Situation auch ganz verständliche Haltung, um emotional zu überleben. Mit Sorgen und Nöten schon von Kindheit an weitgehend allein gelassen, haben beide zwar großen Kampfeswillen und auch Ausdauer entwickelt, im Zuge dessen jedoch auch die Einstellung, immer die Zähne zusammenzubeißen, keine Hilfe zu beanspruchen, niemanden über die Probleme zu informieren und nicht zu jammern. Dabei jammern sie gar nicht, erst recht nicht verglichen mit anderen Freunden und Bekannten, die stundenlang über Probleme reden können, angesichts derer die beiden nur lachen könnten. Es wäre herrlich, wenn man nur seine Zinsen tilgen oder Liebeskummer bekämpfen müsste.

Rückzug

Tom und Birgit haben sich emotional auch in sich selbst zurückgezogen. Anders, so Birgit, sei der Tag manchmal nicht zu meistern. Je mehr Emotionen, desto mehr Verzweiflung, je distanzierter man der Lage gegenüber steht, desto besser. Schließlich *müssen* sie funktionieren, komme, was da wolle. Menschen, die wie die beiden wenig Sicherheit und noch weniger Geborgenheit kennen, blicken mit oftmals nur zu berechtigtem Misstrauen in die Welt – woran auch die mühselige Auseinandersetzung mit Eltern und Pädagogen nicht unschuldig ist. Es gibt wenige Freunde, die wirklich wissen, wie es bei Birgit und Tom zugeht und wie erschöpft sich die beiden manchmal fühlen. Theo ist da eine Ausnahme. Natürlich kann er ihnen die Sorgen nicht nehmen, doch er tut, was er kann: Zuhören mit großer Geduld. Außerdem hat er eine Bekannte, deren Bruder ein junger Heilerziehungspfleger ist. Sollte man den nicht mal anrufen? Dieses Leben kann man nur erleichtern, jedenfalls so lange Arnes Zustand sich nicht gravierend bessert. Die Eltern stecken all ihre Kraft in die verschiedenen Untersuchungen. Es hat sich gezeigt, dass man therapeutisch langfristig vielleicht etwas für Arne tun kann. Dieses neue Mittel ist nicht ohne Risiken, aber vielleicht ein Ausweg und eine echte Perspektive für Kind, Eltern und Familie. Doch bis dahin brauchen die vier außerordentlich viel Kraft. Was also kann eine betroffene Familie in solchen Fällen tun?

Kleine Fluchten

Ein möglicher Weg könnte die bildende Kunst sein, die Birgit schon seit Kindertagen viel bedeutet hat. Immer wieder hatte sie daran gearbeitet, ihrem Zustand künstlerisch Ausdruck zu verleihen, was so manchen psychischen Druck entschärfen konnte. In der Beschäftigung mit der Malerei konnte Birgit zuverlässig wieder ein Stück zu sich selbst finden. Früher hatte sie auch ernsthafte künstlerische Ambitionen – das notwendige Talent dazu hat sie noch heute. Nur zu gerne würde sie wieder anknüpfen, sich mit anderen Künstlern unterhalten, eine gemeinsame

Ausstellung planen. Auch wenn die Angebote der VHS nicht immer ganz ihrer Vorstellung entsprechen, so wäre es doch eine Initiative in die richtige Richtung. Oder sie schließt sich an eine der zahllosen lokalen Künstlergruppen an.

Praktische Voraussetzung

Zunächst gilt es, einen zuverlässigen »Kindersitter« für wenigstens einen freien Abend pro Woche für beide zu finden. Am besten eine Person mit heilpädagogischer Ausbildung, die vielleicht auch hin und wieder am Wochenende an einem Ausflug teilnehmen kann oder ähnliches. Tom wurde in seiner Theatergruppe damals sehr vermisst. Deshalb sollte er, auch wenn er sich nur sehr schwer aufraffen kann, wenigstens einen Abend in der Woche geistig und seelisch in eine andere Welt tauchen können. Die Welt der Bühne wie ganz allgemein die der Kunst vermag diese manchmal notwendige Distanz zu einem übermäßig anstrengenden Alltag zu leisten. Das muss kein aktives Schaffen sein, auch der passive, aber konzentrierte Genuss wirkt auf Psyche und Physis positiv und produktiv.

Gesundheit und Kraftressourcen

Beide sollten auch über ihren Zigarettenkonsum nachdenken. Denn bereits nach der ersten Zigarette am Morgen fühlen sich beide erst einmal nervös und erledigt. Birgit mutmaßt bereits, sie könnte unter einer Art Fatigue-Syndrom, chronischer Müdigkeit, leiden, denn sie könnte schlafen, wo sie geht und steht. Vitalität hat sie schon lange nicht mehr verspürt – auch das erotische Leben der beiden ist ganz zurückgestellt, quasi »eingefroren«. Von Toms Herzbeklemmungen und Birgits Neigung zu Asthma erst gar nicht zu reden. Anstatt nur erledigt vor dem Fernseher zu hocken, gibt es vielleicht andere Dinge wie eine anregende Lektüre, mit Sara ein Gesellschaftsspiel zu spielen, oder doch wieder einmal Theo und seine Frau einzuladen. Oder ein Saunaabend, wo man auch abschalten kann. Eine gewisse Ablenkungsmöglichkeit sollte auf lange Sicht gegeben sein. Denn nur dann kann ein extrem gestresster Mensch auf absehbare Zeit wieder seelische und geistige Kräfte tanken.

Hilfe für Körper und Seele

Der Burnout ist ein quasi »ganzheitliches« Problem – insofern, als es psychosomatische Beschwerden sind, welche eine akute Erschöpfung anzeigen. Seele und Körper sind davon gleichermaßen betroffen. Eine gezielte »therapeutische« Hilfe mag bei anderen Betroffenen zugegebenermaßen problemloser möglich sein. Unmöglich indes ist es nicht, obwohl diese Familie ja einen großen Kraftaufwand im Alltag benötigt. Auch wenn man sich fast scheut, zunächst so verhältnismäßig geringe Möglichkeiten für seelische und geistige Ressourcen vorzuschlagen: Zumindest sind sie machbar. Grundsätzlich gilt jedoch: Bei jedem Burnout-Syndrom ist aller Anfang schwer, immer nämlich gilt es neben externen negativen Einflüssen auch eine tendenziell problematische seelische Disposition gleichzeitig besser in den Griff zu bekommen. In jedem Fall, auch wenn dessen Grundvoraussetzungen nicht so schwierig sind wie die bei Tom und Birgit geschilderten, kann sukzessive an einer *veränderten Wahrnehmung* gearbeitet werden. Vielleicht kann dabei ebenfalls eine entsprechende Mutter-Kind-Kur oder eine psychologische Kurzzeit-Therapie unterstützend wirken. Wie auch immer: Alles sollte getan werden, damit Birgit, Tom und auch Sara ihren Anforderungen mit mehr Kraft begegnen können.

Therapeutische Hilfestellung

Es ist traurig und erfordert viel Einsatz, ein behindertes Kind zu haben. Die Familie muss sich umorganisieren und Wege finden, mit der Situation umzugehen. Dann allerdings »kommt auch viel zurück« und es kann eine neue Normalität entstehen. Voraussetzung dafür ist aber, dass die Eltern sowohl den inneren wie den äußeren Schwierigkeiten mit offenen Augen begegnen. Tom und Birgit haben die äußeren Probleme im Griff, sind aber möglichen Schuldgefühlen, ihrer Trauer, Angst und Wut ausgewichen und so in ein inneres Ungleichgewicht geraten. Sie müssen mehr für sich als Paar sorgen, damit sie gute Eltern bleiben. Das geht nur über Pausen, Innehalten, Besinnung. Tom und Birgit sollten dringend in eine Selbsthilfegruppe für Eltern mit behinderten Kindern gehen, um dort zu erleben, dass sie mit ihren Schwierigkeiten nicht allein sind und Lösungen gefunden werden können.

Hausbau – Powern bis zum Umfallen

Peter, 47, hat einen guten Beruf in der Automobilbranche – allerdings muss er eine tägliche Fahrzeit von drei Stunden in Kauf nehmen, um mit Auto und S-Bahn an seinen Arbeitsplatz zu gelangen. Peter ist Vater einer siebenjährigen Tochter und verheiratet mit Eva, 44. Seit einem Jahr wohnt die Familie im eigenen Haus inmitten herrlicher Landschaft an dem Ort, wo Peter seine Kindheit verbrachte. Der handwerklich begabte und fleißige Peter hat den Großteil dieses Hauses mit seinen eigenen Händen geschaffen, nicht zuletzt sparte das immense Kosten. Der Bau ist nicht ganz fertig gestellt. Auch der Garten ist noch nicht das, was er sein soll. Eva liegt ihm nicht nur mit ihren Frühbeeten und den Blumenrabatten in den Ohren, sondern beklagt sich, dass Peter zu wenig Zeit mit seiner Familie verbringt. Das klingt nun alles ganz in Ordnung, und so mancher könnte Peter um diese Errungenschaften beneiden. Und wie steht es um Peter selbst? Er wundert sich, dass er sich seit geraumer Zeit so merkwürdig fühlt. Dinge, die ihm früher viel bedeutet haben, die Natur oder gesellschaftliche Fragen, werden ihm immer gleichgültiger. Peter fühlt sich selbst gar nicht mehr. Ewig lange scheint es ihm her, seit er ein sinnvolles Gespräch mit jemandem geführt hat. Was ihm allerdings mehr Sorgen bereitet, ist ein gewisser Leistungsabfall, den der verantwortungsvolle und ehrgeizige Mann sehr wohl bemerkt. Ihm ist, als schwänden seine Kräfte mehr und mehr – und dennoch ist er bereits zu müde, um ernsthaft beunruhigt zu sein. So ist es eben.

Faktor Zeit

Zeit? *Freizeit*? Da kann Peter nur lachen. Dieser Mann kann sich kaum mehr erinnern, wie es ist, einmal nichts tun zu müssen, nicht ständig von allen Seiten gefordert zu sein. Neben seinem Beruf, der bereits viele Überstunden mit sich bringt, ist das Haus und seine Fertigstellung das einzige vordringliche Thema. Und vor allem ist die Arbeit auf dem Bau mittlerweile die einzige Freizeitbeschäftigung – wenn man es denn so nennen will. Nicht, dass Peter sich darin getäuscht hätte, worauf er sich bei diesem Unterfangen einlässt. Doch er gab dem Bau des Eigenheims zwei Jahre, in denen, so seine Worte, »eben nur Maloche angesagt ist und sonst gar nichts«. Dafür habe man dann eben das eigene Dach über dem Kopf, großzügig und geräumig, und dann würde man schon weiter sehen. Dann könne er endlich wieder seine Interessen pflegen, die er so bitter vermisst – *wenn* er denn einmal zum Denken kommt. Für sich hat Peter keine Zeit, denn jede freie Sekunde reklamiert Eva für sich. Sie ist eine liebe, fürsorgliche Frau, die rasch kränkelt und sich ein bisschen langweilt, den ganzen Tag über zu Hause zu sein. Sie wartet auf die Tochter, die von der Schule kommt und dann auf Peter. Zwar hat die Familie am Ort Verwandtschaft, aber keinen wirklichen Freundeskreis. So ist ihr Mann Peter Evas einziger Fixpunkt, und weil sie nicht recht ausgefüllt ist, macht sie Peter oft Vorwürfe. Die Unzufriedenheit, die seine Frau empfindet, geht auch auf die Tochter Sabine über. Auch sie macht dem Papa Vorwürfe: »Nie hast du für uns Zeit!« »Kind, ich hab für mich auch keine«, antwortet Peter in solchen Situationen mit einem bitteren Unterton. Doch was soll man machen? Er hat eben seine Aufgaben diszipliniert und mit allem denkbaren Einsatz zu leisten. Wie er das schon immer getan hat.

Zähne zusammenbeißen um jeden Preis

Es gibt wenig, was Peter besser kennt als eine unbarmherzige Härte gegen sich selbst – und nichts, was nach Ansicht der Ärzte Burnout-Betroffene stärker daran hindert, ihre Lebenseinstellung zu ändern. Alles will aus eigener Kraft geleistet werden. Leistung ist die Grundprämisse des Daseins und wie viele andere definiert sich auch Peter über ein perfektes Funktionieren auf allen Ebenen. Härte gegen sich selbst, Verzicht auf Muße und Freizeit kennt dieser Mann zur Genüge. Aufgewachsen als Bauernsohn, ist ihm bereits von Kindesbeinen die ausdauernde körperlich schwere Arbeit ein Begriff. Er weiß immer noch ein Lied von schweißtreibenden Heuernten zu singen, von der Arbeit im

Stall, von Aussaat, Rübenernte und Holzschlag. Den Hof wollte er nicht übernehmen, die Landwirtschaft wurde damals in seiner Familie immer mehr zu einem Nebenerwerb wie bei vielen anderen auch. Durch seine Zähigkeit und Intelligenz konnte Peter eine Lehre als Chemielaborant absolvieren. Dann erfüllt er sich einen Traum: Er holte in ebenso zähem Fleiß sein Abitur nach und begann an der Fachhochschule Physik zu studieren.

Träume und Realität

Sein größter Traum jedoch ist und bleibt ein Hochschulstudium der Mathematik – vielleicht als Gasthörer, wenn er einmal in Rente ist. Peter hat schon immer sein Leben akribisch geplant, und lange Zeit verweigerten ihm auch weder Psyche noch Physis die Gefolgschaft. Dieser Gedanke des geistigen Weiterkommens, der selbst auferlegten intellektuellen Forderung – ohne die er zu wenig dringend benötigtes »Hirnfutter« hat, wie er gerne sagt – hielt ihn lange aufrecht. Doch nun bereitet selbst diese Vision ihm keine Freude mehr. Obwohl sie quasi sein Lebenselixier war und ihn über so manche Defizite hinweg rettete, scheint ihm sein Herzenswunsch mittlerweile eine weitere Forderung unter vielen zu sein. Als ob es nicht schon genug wäre ohne vielleicht niemals erfüllbare Träume. In manchen Stunden wundert Peter sich über seine Abstumpfung. Sein kritisches, insbesondere an der Politik Anteil nehmendes Denken ist einem generellen Überdruss gewichen, vor dessen Kulisse alles grau und formlos aussieht. Peter fühlt sich bald schon selbst wie einer dieser Roboter, die er konstruiert.

Symptombereiche

Der Burnout weist in aller Regel drei Symptombereiche auf. Zunächst fällt die *emotionale Erschöpfung* der Betroffenen auf. Ihre Gefühle werden weniger, flachen oder stumpfen ab, die Affekte sind gleichermaßen in Mitleidenschaft gezogen. Weder Freude noch Trauer, weder Wut noch Hass werden in ihrer innewohnenden Vitalität mehr wahrgenommen. Das Gefühlsleben scheint sich zunehmend zu nivellieren. Man entfernt sich damit sowohl von seinen Gefühlen als auch von denen anderer – und so ein Stück weit von seiner Persönlichkeit und der Gesellschaft.

Das bezeichnet schon den zweiten Symptombereich dieses komplexen Syndroms und wird *Depersonalisation* genannt. Man tritt von sich weg, betrachtet sich und natürlich auch andere aus einer Distanz, die allein auf eine gewisse Gefühlsverarmung zurückzuführen ist. Nachdem man schon verlernt hat, sich selbst positiv wahrzunehmen, gelingt einem das bei anderen auch nur unvollkommen bis schlecht: Zynismus, Sarkasmus, fehlende Empathie in das eigene wie das fremde Leben können die Folge dieses Phänomens sein. Und nicht allein das: Man kann sich leicht vorstellen, dass die Betroffenen mehr und mehr vereinsamen, kein Gespräch mit anderen – oder sich! – mehr suchen oder irgendwann gar nicht mehr dazu fähig sind. Darunter leiden soziale Beziehungen im allgemeinen – im Privatleben jedoch kehren Hilflosigkeit und Schweigen ein. Das beeinflusst übrigens auch den jeweiligen Partner– ein Burnout kann demnach durchaus ansteckend genannt werden.

Symptomfaktor Nummer drei ist die *Leistungseinbuße*. Diese kann aufgrund chronischer Über-, oder aber, wie wir gesehen haben, auch wegen ständiger Unterforderung auftreten. Auch wird die Zufriedenheit mit der geleisteten Arbeit immer geringer oder ist bald ganz dahin – selbst wenn der produktive Output trotz der Burnout-Tendenz gleich bleiben sollte. Die Arbeit, über die sehr viele Menschen sich schließlich definieren, befriedigt einen nicht mehr. Naturgemäß ist dies ein sehr großer Verlust an Lebensfreude und -qualität.

Körperliche Symptome

Falls Peter sich mit seinem Zustand öfter ernsthaft beschäftigt hätte, wäre es ihm vielleicht möglich gewesen, in diesen drei Symptombereichen durchaus eigene Erfahrungen wieder zu finden. Noch ist er dazu nicht bereit. Er ist felsenfest der Auffassung, sein ganzer Zustand sei nur wegen seiner Magen-Darm-Beschwerden so schlimm. Besonders in der Zeit der schwersten körperlichen Arbeit am Bau meldeten sich wieder seine wohl vertrauten Verdauungsbeschwerden. Diese traten gerne bei extremer Belastung auf. Peter aber tat, was er immer zu tun pflegt: Er biss die Zähne zusammen und ignorierte die Symptome, so gut es ging. Das gelang ihm auch immer wieder. Auch wenn Peter sich nicht gut fühlte und ihm darüber hinaus noch die Schuldgefühle schwer zusetzten, seine Familie sträflich zu vernachlässigen.

Ansprüche und Realität

Eva braucht Peter vor allem als Gesellschaft, als »Fenster zur Welt«. Mittlerweile ist das beinahe das einzige, das sie hat. Früher war das ganz anders. Hinzu kommt, dass Eva auch ein etwas chaotischer Mensch ist. Das heißt, sie findet nur schwer zu innerer und äußerer Ordnung und hat nicht gerade das Gefühl, ihre Aufgabe wirklich gut zu erledigen. Sie fühlt sich allein, sehnt sich nach mehr Familienleben, nach mehr Ansprache, denn sie plaudert für ihr Leben gern. Auch deshalb geht es ihr mit dem Bau nicht schnell genug! Wie gern hätte sie, dass bald alles fertig ist, leider kann sie dazu im Grunde wenig beitragen. Sie kümmert sich um den Haushalt und das Kind – nicht jedoch, dass sie eine passionierte Hausfrau und Mutter wäre. Eva erledigt vieles planlos und kämpft an allen Fronten mit der langweiligen Hausarbeit. Dadurch macht sie sich oft zu viel Arbeit – andererseits vermisst sie in dem leeren riesigen Haus den Kontakt mit anderen Menschen. Sie war so gerne Verkäuferin, als Sabine noch nicht auf der Welt war. Vor allem der Kundenkontakt hatte es ihr angetan. Petra schwatzte gerne mit den Kunden, sie war aufmerksam und zuvorkommend und die Arbeit machte ihr Spaß. Eva fühlt selbst, dass ihr Mann dieses Defizit nicht auffangen kann, denn sie hat ein ausgeprägtes Kommunikationsbedürfnis – ganz im Gegensatz zu ihrem Mann, der sich lieber mit Dingen beschäftigt als mit Menschen. Hinzu kommt, dass Eva und er nur wenige Interessen teilen. Manchmal ist das für beide schmerzlich, denn sie wissen wohl, wie wichtig ein Stück Gemeinsamkeit auch in geistiger Hinsicht ist.

Tretmühle

Peter verlässt in aller Regel um sechs Uhr morgens das Haus. Meist schafft er es erst, gegen 21 Uhr abends nach Hause zu kommen. Dann isst er, wie es seine Art ist, viel zu hastig – was seinem gereizten Magen nicht gerade förderlich ist. Verständlicherweise ist er nach einem solchen Arbeitstag weder physisch noch psychisch in der Lage, dem gesteigerten Kommunikationsbedürfnis seiner Lieben voll zu entsprechen, so gerne er das auch wollte. Peter würde am liebsten sofort mit einem guten Buch ins Bett gehen. So aber bleibt er mit Eva und Sabine vor dem Fernseher sitzen, nicht ohne sich hinterher wieder über sich selbst zu ärgern: Für ihn ist das Zeitverschwendung und es bedeutet ihm rein gar nichts. Doch die beiden freuen sich, wenn man wenigstens noch zusammen den Rest einer Sendung ansieht. Um elf Uhr geht Peter zu Bett und schläft sehr unruhig. Vor dem unbarmherzigen Klingeln des Weckers graut ihm seit einiger Zeit – wohingegen er sonst sein Leben lang gut aus den Federn kam. Um sechs Uhr fährt er wie jeden Tag mit dem Wagen zur S-Bahn-Station und von dort aus nach Düsseldorf.

Alarmzeichen

An seiner Arbeitsstelle im Konstruktionsbüro versucht Peter, seine Erschöpfung mit zig Tassen Kaffee zu betäuben. Ein probates Mittel, das meist auch von Erfolg gekrönt ist. Das beständige Magendrücken ignoriert er. Das heißt, die letzten Wochen über fiel ihm das eher schwer. Peter lässt sich jedoch keine Schwäche anmerken und erst recht nicht durchgehen, obwohl seine Magenbeschwerden sich nach und nach verschlimmern. Workaholic, der er ist, prescht Peter einfach unbarmherzig weiter. Als dürfe sich an diesem seinem »System« keine verwundbare Stelle auftun: Sonst, so fühlt es Peter, bräche so manches zusammen, darunter auch sein Plan, das Haus noch in diesem Jahr endlich fertigzustellen. Deshalb investiert er verbissen alle seine Energien in sein Vorhaben – ohne zu begreifen, dass er das längst »auf Pump« seinem Körper und seiner Seele zumutet –

und hat nichts als die Ziellinie im Auge. Der Weg dorthin? Das wird, das muss gehen! Denn was sein muss, muss sein! Auf Peters Schultern lastet die ganze, vor allem auch die finanzielle Verantwortung. Er kann es sich gar nicht leisten, aufzugeben oder kürzer zu treten.

Krise und Krankheit

Neulich jedoch bekam Peter einen fürchterlichen Krampf im Unterbauch. Da beschloss er, doch endlich einmal einen Arzt zu konsultieren. Der Mediziner und Hausarzt kannte seine Pappenheimer längst, denn er hatte dem Mann auch schon in jüngeren Jahren zu mehr Ruhe geraten – jedoch vollkommen vergeblich. Dr. Schneider zeigte sich entsetzt über Peters Zustand: Der Patient war abgemagert, nervös, sein Blutdruck viel zu hoch, die Gesichtsfarbe aschgrau. Schneider warnte Peter vor einem körperlichen Zusammenbruch, wenn er weiter so mit sich Schindluder treibe. »Haben Sie schon mal was von Haushalten gehört?«, meinte der Arzt grimmig. »Sie gefallen mir, Herr Doktor«, erwiderte Peter mit dem Anflug eines Lächelns, »wer soll denn das Haus fertig bauen? Die Heinzelmännchen vielleicht?« Und machte gar nicht munter weiter.

Ich kann nicht mehr

Eines schönen Samstagmorgens war es dann endlich so weit. Die Betonmischmaschine stand schon bereit. Peter wollte aus dem Bett springen wie sonst – doch er kam nicht weit. Er kam, um es genau zu sagen, nirgends hin. Er fühlte sich zu schwach dazu! Peter konnte es einfach nicht fassen. Wieder und wieder versuchte er zu gehen, nur um einzusehen, dass ihm erneut die Beine nachgaben. Er konnte buchstäblich kaum mehr aufstehen, schaffte es am Arm seiner Frau und Tochter gerade zur Toilette und wieder zurück. Draußen die Garagenwand zu verputzen, war ihm trotz aller guten Vorsätze, trotz der Dringlichkeit, die er der Arbeit zumaß, nicht einmal gedanklich möglich. Allein die Vorstellung machte ihn so entsetzlich müde. Ihm war, als könne er nie wieder zu Kräften kommen. Peter befiel eine so heftige Erschöpfung, dass er kaum die Tasse zum Mund heben konnte. Beinahe schien es, als schlügen Körper und Seele nun mit Macht für den jahrelangen Raubbau zurück. Obwohl Peter ein schlechtes Gewissen hatte, zum ersten Male (!) krank zu sein, hütete er auf dringendes Anraten Dr. Schneiders die nächsten zwei Wochen das Bett.

So geht es nicht weiter

Und nichts tat dem gestressten Mann nach anfänglichem Widerstreben so wohl wie das völlig außerplanmäßige Ausruhen. Vor allem kam Peter endlich wieder einmal dazu, intensiv nachzudenken. Die Garagenwand war ihm erst einmal egal. Klug genug war der Mann gewiss, um zu begreifen, dass dieser Schwächeanfall eine Warnung war, sowie eine Aufforderung, bestimmte Dinge zu überdenken und gegebenenfalls zu ändern. Vor allem den Anspruch an sich selbst, auf allen Ebenen perfekt zu funktionieren, ungeachtet der eigenen Ressourcen. Peter durchlebte ganz bestimmte Stadien eines echten Burnouts bis hin zum Zusammenbruch. Das so genannte »Burnout-Rad« nach Freudenberger und North differenziert die einzelnen Stationen der Entwicklung gut nachvollziehbar aus. Die Betroffenen können, aber müssen nicht zwangsläufig alle diese Stationen durchmachen. Manchen überspringen bestimmte Stadien. Dennoch lohnt es sich für Betroffene und vor allem deren Angehörige, sich diese theoretischen Burnout-Stationen einmal genauer anzusehen – und das individuelle Verhalten in Beziehung dazu zu setzen. Gehen wir am Beispiel von Peters Fall die einzelnen Etappen durch.

Sämtliche Burnout-Stationen

1. Ein Zwang, sich zu beweisen

Peter war fest entschlossen, diese Belastung – wie jede andere auch – klaglos zu schultern. Das war er nicht zuletzt sich und seiner Vorstellung von Stärke, Verantwortung und Selbstdisziplin schuldig. Außerdem hatte Peter sich von Kindesbeinen an beweisen und gegenüber anderen Interessen durchsetzen müssen. Kampf ist und war ihm vertraut, Dinge wie Muße, Vertrauen in die Zukunft, Akzeptanz eigener Bedürfnisse hingegen nicht.

2. Verstärkter Einsatz

Wir haben Peters Arbeitstag und sein Wochenende kennen gelernt. Um alles rechtzeitig zu schaffen, schuftete Peter, ohne sich nennenswert auszuruhen, wie ein Berserker. Er übernahm sich von Anfang an und erhöhte nach einer Weile sein Pensum noch. Ebenfalls eine unkluge Strategie, wie sich schon beim 100-m-Lauf oder der Tour de France zeigt: Wer seine Kräfte gleich verausgabt, kommt nicht ins Ziel.

3. Subtile Vernachlässigung eigener Bedürfnisse

Natürlich war es nett und vielleicht erholsam, mit seiner Familie fernzusehen und dabei einzunicken. Das ist nicht der Punkt. Fakt ist vielmehr, dass Peter sich nicht getraute, in der ohnehin so knappen Zeit seine Vorlieben oder Interessen zu pflegen. Er war davon überzeugt, er wäre verpflichtet, die wenige Zeit dann ausschließlich seiner Familie zu widmen. Eva und Sabine bestärkten ihn mit ihren Klagen und Ansprüchen auch darin.

4. Verdrängung von Konflikten

Natürlich fühlte Peter sich hin und wieder ziemlich gereizt. Er hatte sich eigentlich immer eine geistig eigenständige Frau gewünscht, an deren Leben er teilhaben könne in Anregung und Austausch. Evas Unselbstständigkeit rührte ihn, machte ihn andererseits oft ungeduldig. Doch Peter ist ein harmoniebedürftiger Mensch – dem es schlicht nicht möglich schien, die begrenzte Zeit mit Streitereien zu verbringen. Also schluckte er sein Unbehagen hinunter. Nicht zuletzt hatte Peter seine Frau Eva sehr lieb und konnte und mochte sie nicht in einem Punkt fordern, wo sie vielleicht verletzlich war.

5. Umdeutung von Werten

Seine buchstäbliche »Funktionstüchtigkeit«, sein Wille mussten in diesem System zwangsläufig einen hohen Stellenwert einnehmen und andere Werte verdrängen. Wenn das Bewusstsein über die eigenen Grenzen und Kräfte einen Wert darstellt, so hat er diesen völlig verdrängt. Auch der Wert, »Nein« zu sagen, sich abzugrenzen sowie sich keine herkulischen Lasten aufzubürden, wurde aufgrund des Sachzwangs negiert. Leistung und Durchhalten waren die einzigen Werte, die zählten. Andererseits zog Peter sich innerlich zurück und mied jegliches ernsthafte Gespräch und verletzte so den Wert des sozialen Austauschs und der emotionalen Kommunikation – auch den mit sich und seinen Bedürfnissen.

6. Verleugnung der Probleme

Eigentlich ist doch alles ganz in Ordnung. Ich habe eben viel Arbeit. Und auch die Streitereien sind ganz normal. Das ist nicht zu ändern und anderswo nicht anders. Ich und mich überfordern? Das ist doch Quatsch.

7. Rückzug

In Peters Fall bleibt eigentlich nur der Rückzug. Gegen Forderungen kann er sich nicht ohne schlechtes Gewissen oder Versagensangst klar abgrenzen. Deshalb geht er auf Distanz und rückt immer weiter fort. Umso distanzierter fühlt er sich. Ein echter Teufelskreis.

8. Beobachtbare Verhaltensänderungen

Depressive Züge, Müdigkeit, Erschöpfung, mangelnde Libido, verschiedene psychosomatische Beschwerden – all das können Betroffene sowie ihre Angehörigen beobachten. Wenn man es denn wahrnehmen kann.

9. Depersonalisation

Das bedeutet, weder sich noch andere adäquat wahrzunehmen, und hat seinen Ursprung in mangelnder Selbstwahrnehmung. Man spürt sich nicht mehr, hat keinen Bezug mehr zu sich – und verliert ihn daher auch zu anderen, oft den nächsten Menschen. Distanzierende Tendenzen wie die zu Zynismus und Sarkasmus oder Verdrängung sind die Folge.

10. Innere Leere

Irgendwann ist schließlich der Ofen erloschen – und lässt sich nicht wieder anfachen. Man fühlt kaum mehr etwas, die Vitalität ist lahm gelegt, unbeschwerte Lebensfreude nicht mehr da. Wen wundert, dass die Betroffenen dann das Gefühl einer sinnlosen, fürchterlichen Leere überkommt.

11. Depression

Das Erscheinungsbild dieser Störung ist ganz unterschiedlich: vom wie abgestorben wirkenden Menschen bis hin zum Pausenclown, der still und unerkannt an sich selbst verzweifelt.

12. Völlige Burnout-Erschöpfung

Diese kündigte sich schon durch verschiedene Symptome länger an. Vollends kam sie in Peters Unfähigkeit aufzustehen zum Ausdruck. Der willensstarke, harte Mann konnte sich erst gegen die Überforderung wehren, als ihm sein Körper den Dienst verweigerte. Diese Erschöpfung hatte auf Peter eine durchaus positive Wirkung – er hatte vor allem das Stadium einer unter Umständen therapiebedürftigen Depression quasi übersprungen – und dies gab ihm die Möglichkeit, in produktiver Weise über sich nachzudenken.

Therapeutische Hilfestellung

Peter gehört zu der Gruppe der »Selbstverbrenner«, Menschen, die eigentlich voller Energie und gutem Willen sind, aber sich ihren Stress letztlich selbst machen, weil sie sich keine Grenzen setzen. Peter kann nicht »Nein« sagen zu seinem altmodischen Rollenmodell, nach dem ein Mann seine ganze Energie in den Dienst der Familie stellen muss. Eva wird zu einer Prinzessin, der er ein »Schloss« bauen will, ohne dass sie einen Finger krümmen muss, und für die er gleichzeitig auch noch das »Tor zur Welt« ist. Dabei hat er sich und seine Träume vergessen. Sein Körper hat ihm nun seine Grenzen gezeigt und ihm eine Zwangspause verordnet. Die sollte er nutzen, um mit Eva ein Grundsatzgespräch zu führen, möglicherweise mit Hilfe eines Paartherapeuten, um die Basis ihrer Beziehung neu zu überdenken.

Teil III
Persönlichkeit und Disposition

»Ich bin psychisch und physisch nur wenig belastbar. So war ich schon immer.« Oder »Ich kann alles! Mir wird nie etwas zu viel.«

Stress ist eine *subjektive* Empfindung – und deshalb gibt es leider auch kein verbindliches oder objektiv nachprüfbares Maß für Stress oder Überforderung. Unsere Persönlichkeit sowie seelische und körperliche Konstitution hat in der Bewältigung diverser Stressfaktoren ein gewichtiges Wort mitzureden. Weshalb nun greift Stress manche Menschen anscheinend kaum an? Diese könnte man als *Gesundheits-Typ* bezeichnen, da sie auch unter großen Belastungen ohne gravierende Probleme funktionieren – ja, die sogar mitunter anstrengende Herausforderungen zu ihrem Wohlbefinden dringend benötigen?

Bestimmte Persönlichkeitsstrukturen jedoch neigen ganz offenbar häufiger als andere dazu, bei entsprechender Belastung ein komplexes Burnout-Syndrom zu entwickeln. Zu dieser Risikogruppe des *Burnout-Typs* gehören einerseits Menschen mit ausgeprägtem *Perfektionstrieb*, der ihnen die Erledigung von Arbeiten mit Termindruck meist erschwert. Wieder andere leiden unter permanenten *Selbstzweifeln* oder zeigen eine geringere Kompetenzerwartung: »Das schaffe ich nie, da hab ich keine Chance ...«. Viele Betroffene sind davon überzeugt, nur ein kleines Rädchen im Getriebe zu sein, eine hilflose Marionette, die der Kontrolle und Willkür »der anderen« *ausgeliefert* ist. Ebenso ist ein übermäßig ausgeprägtes *Harmoniebedürfnis* in vielen Fällen ein hervorragender Nährboden, seine legitimen Bedürfnisse nach Nähe, Ruhe oder Rückzug grob zu vernachlässigen, um nur ja niemanden mit eigenen Ansprüchen zu kränken oder zu verärgern. So lange, bis Körper und Seele das reibungslose Funktionieren verweigern.

All jenen Risikotypen ist gemeinsam, dass sie mit ihren seelischen und körperlichen Ressourcen denkbar »unökonomisch« umgehen. Ihnen ist dies oft nicht bewusst und sie halten es kaum für möglich, dass man seine Belastungen auch bewältigen könnte. Charaktere wie diese können kaum für einen kontinuierlichen positiven Input sorgen, sondern sie »powern« seelisch und körperlich, beruflich oder privat, bis sie buchstäblich nicht mehr können. Entweder neigen die Betroffenen dazu, sich zu überfordern – oder eben von allem Anfang an schon entnervt aufzugeben: »Das wird ja doch nichts ...«. In diesem Kapitel nun sollen bestimmte komplexe Persönlichkeitsstrukturen (in der Praxis gibt es ja nie den typischen Fall in Reinkultur) in unterschiedlichen Auslösersituationen aufgezeigt werden. Wie wir sahen, speist sich gerade der Burnout aus verschiedenen, sich in ihrer problematischen Wirkung ergänzenden Quellen. Anhand dreier ausführlicher Fallstudien wird hier exemplarisch dargestellt, wie und warum es zur akuten Burnout-Bedrohung kam. Sie schildern den jeweiligen Umgang mit Erwartungen und Ansprüchen, Verlust und Krankheit sowie mit problematischen Einstellungen zum Selbst und zur Leistung.

Zerstörtes Selbstwertgefühl

Martina, 40, könnte man seit mittlerweile zwei Jahren als ein Nervenbündel bezeichnen. Aus der früher so lebhaften, attraktiven Frau ist binnen kurzer Zeit ein Schatten ihrer selbst geworden. Kaum mehr belastbar und in ihrer ganzen Persönlichkeit zutiefst verunsichert. Ein Geschöpf, das seine Zeit förmlich »absitzt«, ein Mensch, der sich nur schwer zu irgendeiner Aktivität aufraffen kann. Und was am schlimmsten ist: Martina ist zu einer Frau ohne Lebensfreude geworden. Jeder, der Martina länger kennt, weiß auch, weshalb sie sich in einem so desolaten Zustand befindet: Seit ihr Mann sie verlassen hat, leidet sie unter dem Gefühl des Versagens sowie einer seither herrschenden Trostlosigkeit, bedingt durch diese ungeheure seelische Verletzung.

Mein Mann ist fort

Denn Christian, den Martina sehr liebte, ist unwiderruflich aus ihrem Leben verschwunden. An sich ist dies bereits schmerzlich genug und macht den Verlassenen schwer zu schaffen. Vor allem aber die Art und Weise, wie ihr Mann sie behandelte, trug viel zu Martinas beschädigtem Selbstwertgefühl bei. Lange war Martina gutgläubig. Sie vertraute ihm blind – wider besseres Wissen, obwohl ihr durchaus so manches spanisch vorkam … Weshalb konnte man Christian eigentlich auf seinen Geschäftsreisen niemals erreichen? Anscheinend saß er die ganze Zeit über in einem Funkloch – aber das konnte doch gar nicht möglich sein! Immer häufiger fuhr er nach Hamburg und wohnte dort angeblich bei einem befreundeten Ehepaar aus Studientagen. Martina bekam diese Leute weder jemals zu Gesicht noch zu Gehör – denn wann immer sie anrief, war dort außer einem Anrufbeantworter nie jemand zu Hause. Jedes Mal, wenn Martina ihn darauf ansprach, wiegelte Christian gereizt ab und bezichtigte sie gar der Schnüffelei. Obwohl Martina allmählich von bösen Ahnungen geplagt wurde, wollte sie es sich nicht einmal *vorstellen*, dass sich etwas zwischen Christian und ihr ändern könnte.

Da ist nichts! Das bildest du dir ein!

Dieses beschränkte Antwort-Repertoire ist nicht nur Martina bestens bekannt – egal ob Mann oder Frau sich damit herausreden, die empörte Defensive bleibt doch meist gleich. Was nicht allein von Gleichgültigkeit, sondern auch von einem erschreckenden Mangel an Fantasie zeugt. Einmal in die Ecke getrieben, kommen solche Wendungen seitens der »Beschuldigten« häufig aufs Tapet: Um Eifersuchtsszenen zu vermeiden, werden dem misstrauischen Partner Wahrnehmung und gesunder Menschenverstand gleichermaßen abgesprochen. Kategorisch werden nun die berechtigten Ängste, verlassen oder betrogen zu werden, ins Reich einer überhitzten Phantasie verbannt. Auch das nährt natürlich Selbstzweifel und existenzielle Unsicherheit: Man spürt ja deutlich, dass etwas geschieht, dass schmerzhafte Veränderungen sich ankündigen. Als betrogener Partner wird man damit oft allein gelassen. Damit nicht genug, wird darüber hinaus noch am funktionierenden Verstand gezweifelt: »Spinnst du? Siehst du jetzt schon Gespenster? Du bist ja krankhaft eifersüchtig.« Und dergleichen Anwürfe mehr.

Demontage einer Ehe

Auf ihre drängenden Fragen hin wurde Martina wiederholt belogen. Aus welchen Gründen auch immer Christian so handelte – ob nun aus Angst, Mitleid, Bequemlichkeit oder Konfliktscheu – sei dahingestellt. Martina zweifelte und hoffte weiter, während sich ihr Mann in Hamburg bereits seit mindestens einem Jahr eine Beziehung zu einer anderen Frau aufgebaut hatte. Angesprochen auf Lieblosigkeiten oder Unzuverlässigkeit, wiegelte Christian wiederum eloquent wie stets und im Brustton voller Überzeugung ab. Was? Er habe keine Freundin! Wirklich nicht! Wie Martina denn bloß darauf käme? Sein schlechtes Gewissen jedoch war offenkundig, sein Unbehagen, dieses leidige Thema schon wieder zu »diskutieren«, kaum weniger. Dennoch konnte oder wollte Christian nicht reinen Tisch machen und die schmerzhafte Wahrheit sagen.

Hoffnung und Flucht

Vielleicht glaubte Christian manchmal selbst daran, dass zwischen ihnen alles wieder in Ordnung käme. Er hatte Martina schließlich auch einmal geliebt. Über viele Jahre hin war es eine glückliche Ehe gewesen. Die Gründe des Scheiterns waren vielfältig: enttäuschte berufliche Erwartungen, Entfremdung, verletzte Loyalität auf beiden Seiten. Martina, die daran natürlich auch eine gewisse Verantwortung trägt, hätte ihren Mann jedoch unter keinen Umständen verlassen, obwohl auch sie nicht mehr besonders glücklich war. Offenbar war sie nicht fähig, daraus irgendwelche Konsequenzen zu ziehen. In der Vorweihnachtszeit vor zwei Jahren sollten Martinas böse Vorahnungen sich bewahrheiten: Christian verließ sie ohne ein Wort des Abschieds oder Dankes. Er hinterließ nur einen dürftigen Zettel auf dem Küchentisch, auf dem nur stand: »Bin in Hamburg. Warte nicht auf mich.« Noch nicht einmal seine neue Adresse hinterließ er ihr aus Furcht, sie könne ihm und seiner neuen Partnerin eine fürchterliche Szene machen. Martina fand sie erst nach einigen Monaten heraus.

Schockreaktion und Selbstwert

»Das schaffe ich!« In einer solchen Lebenskrise sagen sich das viele Frauen und Männer – und glauben fest daran. Obwohl oder gerade weil sie sich in einem Schockzustand befinden, der sie seelisch und emotional vollkommen taub macht. Der Schmerz ist ungeheuer. Kaum kann man fassen, dass der geliebte Mensch fort ist, ohne ein Wort der Erklärung oder des Abschieds. Es ist beinahe so schlimm, als sei er tot. Vielleicht schrecklicher, weil der verlorene Partner zwar in der Welt ist, aber dennoch nicht mehr erreichbar. Aus seinem oder ihrem neuen Leben ist der Expartner künftig gestrichen. Durch diese abwehrende Distanz fühlt sich der verlassene Partner häufig schier nicht mehr existent – ist doch das eigene Dasein in jemandes Leben, die gemeinsame Vergangenheit, eliminiert, ausradiert. So als hätte es, wie in Martinas Fall, keine sechzehn Jahre Ehe gegeben. Im Nachhinein ist all diese Zeit nun völlig wertlos, weggeworfen wie ein nutzloses, beschädigtes Ding.

Was zu retten ist?

Noch nicht einmal die Hoffnung existiert noch, die Beziehung zu kitten. Oder, wenn auch in einem schmerzlichen Prozess, in eine Art Freundschaft umzuwandeln. Dies allerdings bedürfte ungeheurer Anstrengungen und des erklärten Willens beider Parteien. Wie oft hat Martina sich vergebens darum bemüht! Die Freundschaft zu einer Frau ist für einen Mann wie Christian generell nur schwer vorstellbar, der eigenen Ex-Ehefrau gegenüber scheint ihm das geradezu unmöglich. Weder möchte er an die Vergangenheit erinnert werden, noch sich mit dem Schmerz seiner Frau in irgendeiner Form auseinander setzen. Nur so glaubt Christian an seinen Neuanfang ohne emotionale »Altlasten« oder Verpflichtungen … Jedenfalls saß Martina völlig verzweifelt in der gemeinsamen Wohnung, in der alles an Christian erinnerte. Oft war sie davon überzeugt, ihr Mann käme jeden Moment zur Türe herein und machte diesem Albtraum ein Ende. Doch das war nicht der Fall.

Seelische Notversorgung

Martinas Eltern und Freundinnen übernahmen in den ersten Wochen eine Art seelischer Erste Hilfe, indem sie ihr gut zuredeten. Immer wieder versuchten sie auch, in Martina einen gehörigen Zorn anzufachen und damit ihre Vitalität zu wecken. Alles, bloß nicht dieses völlige Erloschensein, von dem jene erste schreckliche Zeit der Umgewöhnung geprägt war. Martina unternahm ihrerseits große Anstrengungen, wieder einigermaßen zurechtzukommen. Anstatt sich einzuigeln, besuchte sie in dieser Zeit sogar Tanzkurse, trieb viel Sport und versuchte stets, ihre Freundinnen nicht zu enttäuschen. Schließlich hatten sich diese so darum bemüht, dass es ihr besser ginge! Nach einem halben Jahr glaubte Martina manchmal schon selbst daran, sie sei allmählich halbwegs über den Berg.

Nur nicht nachdenken

Noch immer jedoch war Martina kaum fähig, über diese »Katastrophe«, wie sie es nannte, eingehend nachzudenken. Augenblicklich befiel sie ein Schwindelgefühl, wenn sie nur Christians Namen erwähnte oder Musik hörte, die sie an ihre Liebe erinnerte. Mit klopfendem Herzen sah Martina jeden Tag in den Briefkasten, ob nicht doch einmal ein Lebenszeichen von ihm dabei wäre – ein Zeichen der Achtung, das sie als Mensch und Persönlichkeit rehabilitieren und ihr wieder einen Wert zusprechen könnte. Denn das war ja das Peinigende daran: Sie fühlte sich so vollkommen ohne jeden Wert, als ein Nichts. Als wäre ihre Persönlichkeit, ihr ganzes Wesen nur durch ihren Mann anerkannt worden. Die Tatsache, dass Christian sich in eine andere Frau verliebt hatte, wog weniger schwer als das Entsetzen über jenes achtlose »Weggeworfensein«. Längst schon ging es nicht mehr darum, Christian zurückzugewinnen. Eifersüchtig im klassischen Sinne war Martina nicht. Sondern sterbensunglücklich.

Anforderungen

In ihrem Beruf als Einkäuferin im Dekobereich versuchte Martina weiter zu funktionieren, so gut es eben ging: als wäre nichts geschehen. Jeder einzelne Tag war mühselig – vor allem im ersten Jahr. Verständlicherweise fällt es nicht leicht, Enthusiasmus und Kompetenz zu beweisen, wenn ein Mensch einen großen Verlust erlitten hat, ihm sozusagen der »Lebensinhalt« abhanden gekommen ist. Hin und wieder hörte Martina mahnende Worte ihrer Vorgesetzten. Danach legte sie sich erst recht ins Zeug, um nur ja niemanden zu erzürnen oder weiteren Anlass zu geben, mit ihrer Arbeit unzufrieden zu sein. Ihr Selbstwertgefühl war ohnehin »am Boden«. So war für sie die Situation doppelt schwer zu meistern: Am liebsten hätte sie sich verkrochen, um nur nichts mehr von der Welt zu wissen. Mit innerer Härte und Gewalt versuchte Martina gegen solche Zustände vorzugehen, in der Hoffnung, diese Lähmung und Schwäche endlich zu besiegen. Obwohl sie tapfer kämpfte, fühlte Martina im Grunde ihres Herzens, wie sie innerlich immer mehr zu versteinern drohte. Martina war nicht diejenige, die sie verzweifelt zu spielen versuchte – eine Frau, die es bald geschafft haben würde.

Lebenskrisen und Burnout

Mit allen verfügbaren Mitteln versuchen die Betroffenen, gegen ihren Kummer anzukämpfen und ihren Zustand zum Besseren zu wenden. Indem man hauptsächlich am manifesten Symptom (Trauer, Verzweiflung, Erschöpfung etc.) zu kurieren versucht, glaubt man die schlimmste Phase einer solchen Lebenskrise bald einigermaßen überwunden. Dennoch kann sich durch solch einschneidende Erfahrungen der Gemütszustand der Betroffenen trotz allem Bemühen schleichend in eine negative Richtung verändern und zu einer Depression führen. Diese Volkskrankheit kann *endogen* – also z. B. aufgrund genetischer Veranlagung – oder *exogen* – z. B. aufgrund einer schweren Lebenskrise – entstehen. Im Allgemeinen ist letzterer leichter beizukommen, als wenn bereits eine Disposition zu dieser Krankheit besteht. Weshalb ein Mensch sich erloschen und ausgebrannt fühlt, kann, subjektiv gesehen, ebenfalls verschiedene Gründe haben. Nach schweren privaten Verlusten ist dies erst einmal ein für jedermann nachvollziehbares Gefühl. Jedoch ist auch dort die Gefahr gegeben, dass sich der Kampf ums seelische Überleben zu einem Burnout auswächst, welcher Vitalität und Emotionen lähmt und einen zusätzlichen Verlust an Lebensenergie bedeutet.

Burnout-gefährdet

Wir erinnern uns: Menschen, die sich selbst mit großer Härte begegnen, sind besonders gefährdet. Zu den Risikofaktoren gehören auch große Selbstzweifel oder ein permanentes Sich-in-Frage-Stellen. Ebenso die Angst, bestimmten Anforderungen, seien sie nun privater oder beruflicher Natur, nicht zu genügen. Nicht zu vergessen die weit verbreitete Tendenz, seine Kraftreserven nur aufzuputschen, anstatt sie langfristig »sinnvoll aufzuladen«. Permanente Nervosität oder Hektik der Betroffenen lassen eine seelische Entspannung unmöglich werden. In schweren Krisen werden Ruhe und Kontemplation oft regelrecht gefürchtet. Also wird lieber weitergehetzt, anstatt innezuhalten und sich dem jeweiligen Problem in seiner ganzen Wucht zu stellen: Verlust, Kränkung, Hoffnungslosigkeit. Hinzu kommt bei vielen Menschen das Gefühl, im Alltag weiterhin um jeden Preis funktionieren zu müssen. Sonst wird man weder anerkannt noch geliebt.

Identität und Muster

Um es lapidar zu sagen: Martinas Selbstwertgefühl wäre nicht so empfindlich getroffen, hätte sie mehr davon zur Verfügung gehabt. Hier zeigt sich ein typisches Problem. Auch diese Frau ist ein Mensch, der sehr viel Bestätigung braucht. Solche Persönlichkeiten, seien es nun Frauen oder Männer, neigen dazu, sich ausschließlich über ihren Partner zu definieren. Das bedeutet, dass allein der Partner als unverzichtbarer Spiegel fungiert, der das *eigene* Bild reflektieren kann. Meist sind Erfahrungen der frühen Kindheit an der Entstehung einer solchen Identitätsproblematik beteiligt. In Martinas Fall ergibt sich bei näherer Betrachtung tatsächlich eine Art »Muster«. Ihr Vater, der sehr streng und abweisend sein konnte, nahm Martina kaum wahr, sondern zog die beiden älteren Schwestern ihr vor, weil diese ihm vom Wesen her viel ähnlicher waren. Jahrelang versuchte Martina, gegen seine Gleichgültigkeit anzukämpfen, die ihr sehr weh tat. Umso enger schloss sie sich an die Mutter an – ebenfalls eine weiche, versöhnliche Frau, die Konflikte scheute und sich nicht traute, eigene Ansprüche zu stellen. Nahm die Mutter aber das Kind in Schutz, so ärgerte es den Vater erst recht. Er konnte mit seiner Tochter Martina, die so zögerlich und wehleidig war, nicht viel anfangen. Weil er selbst ein energisch und forscher Charakter war, lagen ihm selbstsichere Mädchen weitaus mehr am Herzen.

Wiederholung

Ihr ganzes Leben lang suchte Martina nach dieser fehlenden Akzeptanz: Buchstäblich um jeden Preis tat sie das, wobei sie es andererseits ihren Partnern oft schwer machte. Denn diese junge Frau wollte nun endlich mit all ihren Facetten *bedingungslos* geliebt werden. Das heißt, jede Kritik, Forderung oder Autorität anzunehmen fiel Martina entsetzlich schwer. Eigentlich blieb sie in all ihren Beziehungen, die zu Christian eingeschlossen, ein maßlos nach Liebe hungerndes Kind. Je mehr weibliche Bestätigung, desto besser, mit Zärtlichkeit und Sex war diese scheinbar mühelos zu haben. Aus eigener Kraft allerdings war diese Bestätigung nicht zu leisten, denn Martinas eigene Talente oder Vorzüge gab es nicht – solange diese nicht von einem Mann lobend wahrgenommen wurden. Obwohl sie unter der Zurücksetzung durch ihren Vater so sehr gelitten hatte, fühlte Martina sich stets zu Männern hingezogen, deren Liebe und Achtung sie sich wiederum so mühsam »erwerben« musste. Bei diesen Charakteren nahm sie vieles hin, was sie ansonsten leidenschaftlich moniert hätte: Lieblosigkeit, Abwehr und Egozentrik.

Außenperspektive und Selbstwahrnehmung

Nur so ist erklärlich, warum Christians feiges, unreifes Verhalten eine derartige Katastrophe für seine Frau bedeutete. Nun ist Martina auf dem besten Wege, sich in einen seelischen und geistigen Erschöpfungszustand zu manövrieren. Selbstverständlich ist es immer schwer und zeitaufwändig, über Verrat oder eigenes

Scheitern hinwegzukommen. Im Falle Martinas aber schien ihr ganzes Selbst wie ausgelöscht – weil *er* es nicht mehr liebte und nicht mehr wahrnahm. Durch einen anderen Menschen zu Selbstwertgefühl zu kommen, ist stets eine kritische Angelegenheit. Im Krisenfall nämlich übernimmt man nun die lieblose Perspektive für sich, um sie zu verinnerlichen. Menschen wie Martina, die dazu neigen, sich selbst höhnisch zu betrachten, und mit abfälligen Kommentaren über sich selbst nicht geizen und die sich für ein Versagen selbst hassen, sollten unbedingt versuchen, diesem unheilvollen Kreislauf zu entkommen. Sonst nämlich kreisen die Gedanken immer um dasselbe, und wieder und wieder wird das Unvermeidliche analysiert. Gleichzeitig bemüht man sich krampfhaft, zu vergessen – und einfach weiter zu machen.

Krise als Chance

Die Grundlagen jenes gestörten Selbstwertgefühls, jener übergroßen Durchlässigkeit, die keine lebensnotwendige Distanz aufbauen kann, bleiben jedoch dieselben. Bei einem neuen Partner kämen unter Umständen Martinas grundlegende Defizite wieder zum Vorschein. Zusätzlich verschlimmert durch die traumatische Erfahrung des Verlassenwerdens – und ein Teufelskreis von Unsicherheit, eine weitere seelische Überforderung wäre vorprogrammiert. Insofern dürfte auch in Martinas Fall diese Krise als Chance wahrgenommen werden, wenigstens in mancher Hinsicht sich alter Bilder und überkommener Mechanismen bewusst zu werden und ihnen eine veränderte Perspektive zu ermöglichen. Gänzlich ändern wird sich die jeweilige Persönlichkeit natürlich nicht – sich aber gelassener akzeptieren lernen.

Trauer braucht Zeit

Jede Trauer will bewältigt werden. Das geschieht nicht von heute auf morgen – was einer Zeit gar nicht schmecken mag, die das rasant schnell Machbare vehement propagiert. Den Verlust eines

Partners zu verwinden – insbesondere, wenn dies mit existenziellen Nöten oder Verletzungen einher ging –, dauert meist ein paar Jahre. Alle Versuche, diese Trauer im Keim zu ersticken, mit Suchtverhalten oder Affären zu betäuben oder ihr mit Zähigkeit, Verdrängung quasi »gewaltsam« beizukommen, scheitern meist kläglich. Wohl nur im Durchleben und Durchdenken der Trauer erhält der Mensch die notwendige Kraft, bestimmte problematische Verhaltensmuster ändern zu können. Auch im Annehmen des Scheiterns eines Lebensentwurfes, ohne sich selbst dafür allein verantwortlich zu machen, während man in Selbsthass schwelgt. Der allmähliche Prozess des emotionalen Versteinerns deutet darauf hin, dass Martinas Verfassung noch längst nicht wieder heil ist.

Therapeutische Hilfestellung

Verlassen zu werden ist eine große Verletzung, die ausheilen muss. Verlassen zu werden macht traurig und Trauer braucht Zeit. Vor allem aber macht Verlassen zu werden auch wütend, doch diese Wut spürt Martina nicht, weil sie sich so klein, hilflos, dumm und minderwertig fühlt. Es ist wichtig, dass Martina alle diese Gefühle erlebt und auslebt statt sie zu unterdrücken und damit ihre letzte Energie zu verbrauchen. Die Bearbeitung ihrer Gefühle braucht Zeit und einen Ort. Ihr ist dringend eine Selbsthilfegruppe für verlassene Partner zu empfehlen, in der sie Menschen begegnet, die in ihrer Aufarbeitung schon weiter vorgedrungen sind und wieder ein Licht am Horizont sehen. Das alles ist ein schmerzhafter Prozess, der weh tut und Zeit braucht, vergleichbar einem Trauerjahr, aber es geht vorbei und es werden Energien frei für ein Leben danach.

Wie belastbar sind wir wirklich?

Wolfgang, 55, Bauingenieur, ist ein Mann, dem Traditionen sehr viel bedeuten und der schon aufgrund seiner Herkunft in eine solche Wertewelt hineinwuchs. In Walters Leben zeigt sich dies nicht nur an seinen vielen Ehrenämtern und Aktivitäten in diversen Vereinen oder der Politik, sondern auch in seinem Familienleben. Für ihn war es daher keine Frage, dass seine Frau Ute, heute 44 Jahre alt, zu Hause bleiben und die Kinder versorgen sollte. Schließlich verdiente Wolfgang genug, um seiner Familie alles bieten zu können. Nach anfänglichen Problemen – nicht zuletzt gab Ute einen hoch interessanten Job um der Familie willen auf – fügte sie sich. Die ersten Jahre schien sie auch ganz und gar in ihrer Mutterrolle aufzugehen – nicht ohne hin und wieder heimlich ihren Chancen nachzutrauern. Als die beiden Söhne größer wurden, änderte sich dieser Zustand der leidlichen Zufriedenheit jedoch. Ute fühlte sich zunehmend unterfordert. Ihrem Mann und den Kindern ein schönes Zuhause zu schaffen, wäre durchaus auch mit einer Beschäftigung möglich – so jedenfalls lautete Utes schüchterne Argumentation.

Stärke ist Trumpf

Natürlich hätte Ute es finanziell nicht nötig zu arbeiten. Sie möchte sich einfach wieder mehr beweisen, als ihr dies in der reinen Mutterrolle möglich erscheint. Was wäre denn im 21. Jahrhundert daran eigentlich so unverständlich? Doch Wolfgang stellt sich quer. Die Abrechnungen des Büros, wie er seiner Frau nach einigem Hin und Her anbietet, übernimmt Ute zwar, doch kann man dies nicht mit einem eigenständigen Berufsleben vergleichen. Für Wolfgang jedoch ist die ganze Angelegenheit mehr als eine Ehrensache: Seine Vorstellungen sind und waren fest gefügt, sein und auch das Bild seiner Frau ist darin klar umrissen und fest verankert. Eine einmal gefasste Entscheidung kann nur schwer rückgängig gemacht werden. In Wolfgangs Weltbild gelten Durchhaltekraft, Zähigkeit, Disziplin und Zurückstecken über alles. Man muss zu seinem Wort stehen und einmal Begonnenes zu einem guten Ende bringen. An sich sind das gute Eigenschaften und eine Lebenseinstellung, mit der man weit kommen kann. So lange alles glatt geht, solange nichts passiert, was einem so geordneten, an der Oberfläche harmonischen Dasein einen herben Schlag versetzt.

Schock und Veränderung

Es begann wie so oft mit einer Routineuntersuchung der jährlichen Krebsvorsorge. Am Nachmittag wollte Ute rasch die Praxis des befreundeten Arztes besuchen und danach noch mit dem ältesten Sohn in die Innenstadt zum Einkaufen fahren. Von dem Termin kam Ute sehr blass zurück, sie redete mit schwacher Stimme und befand sich sichtlich in einer Art Schockzustand. Selbst Wolfgang, welcher das Thema »Krankheit« generell nicht gerne an sich heranließ, fühlte deutlich, noch bevor Ute auch nur ein Wort gesagt hatte, dass etwas nicht stimmte. Wie stets versuchte Wolfgang auch in diesem Augenblick, Ängsten mit seinen bewährten Methoden beizukommen: Alles sei eine Sache des Willens, man könne jedes Problem überwinden. Außerdem sei »es« bestimmt nicht so schlimm. Nachdem das nichts fruchtete, fügte er hilflos hinzu, indem er Utes Rücken tätschelte: »Du wirst sehen, das wird schon wieder«. Insgeheim jedoch befiel Wolfgang eine schreckliche Angst, die er allerdings sofort unterdrückte. Nach dem von Christian Morgenstern entlehnten Motto: *... dass nicht sein kann, was nicht sein darf.* Seine Frau schwer krank? Nein, das konnte einfach nicht wahr sein! Wie sollte denn in einem solchen Fall alles weiter funktionieren wie bisher?

Jeder hat seinen Platz

Bisher war Ute ausschließlich für ihre Familie da gewesen. Und Wolfgang hatte all das, was ihm ja auch keineswegs vorgeworfen werden kann, als ganz *selbstverständlich* angesehen. Kein Mensch rechnet ständig mit einem *worst-case-scenario* und erst recht nicht mit großen Umwälzungen, wenn das Alltagsleben sich in ruhigen, geregelten Bahnen befindet. Was gut funktioniert, wird im Allgemeinen nicht (mehr) hinterfragt: Daraus ist nicht nur eine gute, bewährte liebe Gewohnheit geworden, sondern auch eine gewisse Lebensnotwendigkeit. Ute hatte damals nicht groß protestiert, als sie einsehen musste, dass ihr Mann im Grunde nicht wünschte, dass sie sich wieder mehr nach außen orientierte. Das Haus, der herrliche Garten und die Schularbeiten der Kinder – sowie die Aufmerksamkeit, die Wolfgang sich wünschte, all das hätte vor ihrer »Selbstverwirklichung« zurückstehen müssen. Viele Jahre lang blieb Ute so sanft und ruhig, wie ihr Mann sie liebte. Allenfalls zog sie sich vielleicht ein wenig zurück, wobei sie viel las und hin und wieder ins Grübeln kam. War Wolfgangs Frau wirklich so glücklich mit der herrschenden Situation, wie ihr Mann nur allzu gerne glauben wollte?

Gravierende Veränderungen

Jeder, dessen Partner schwer erkrankt, jede Familie, in die eine Krankheit einbricht, fühlt es am eigenen Leibe: Ab dem Zeitpunkt der Diagnose verändert sich das Leben vollkommen. Bei aller echten Betroffenheit, welche Freunde und Bekannte, ja sogar die Leute auf der Straße bezeugen: Kaum jemand kann sich das vorstellen, es sei denn, es erginge ihm ebenso. Im Nachhinein erscheint es den Betroffenen beinahe unvorstellbar, wie gelassen und kindlich glücklich man zuvor trotz aller Probleme dahinlebte – und ertappt sich immer wieder dabei, sich verzweifelt nach jener wunderbaren Ungewissheit zurückzusehnen.

Zunächst reagierte Ute sehr gefasst und kontrolliert, doch als der Schock allmählich nachließ, war sie in größte Panik geraten. Sie hatte solche Angst zu sterben! Dennoch wagte sie kaum, diese Furcht verbal ausführlich zu äußern – wehrte ihr Mann dieses Thema doch sofort ab. Selbstverständlich wollte Wolfgang ihr beistehen, so gut es irgend ging. Aber sich intensiv mit der Gefahr beschäftigen, in der seine Frau schwebte, das vermochte Wolfgang beim besten Willen nicht zu leisten. Schließlich war sie der Mittelpunkt seines Lebens! Erst Ute gab ihm die Kraft, seine Arbeit zu tun, denn sie sorgte zuverlässig für die notwendige Balance und für einen ruhenden Pol zwischen Überstunden, Projekten und seinen verschiedenen politischen Funktionen. Wie sehr er seine Frau brauchte, merkte Wolfgang erst jetzt.

Bedürfnisse

Unschwer bemerkt der geneigte Leser an dieser Stelle, dass Ute jahrelang im wesentlichen Bedürfnisse *anderer* erfüllte, während sie selbst die ihren weder äußerte noch gar durchzusetzen versuchte. Im Laufe der Zeit hatte Ute sich zunehmend weniger als Person wahrgenommen, vielmehr als ein Rad in einem gut geölten Getriebe. So prosaisch das auch klingen mag – genauso empfand Ute ihre Situation. Ihrem Mann zuliebe war sie mit zu Parteiveranstaltungen gegangen, obwohl sie wenig Lust dazu verspürte. Schließlich wurde von Ute erwartet, eine öffentliche und repräsentative Frau zu sein – zumal sie bei solchen Gelegenheiten ein sehr gewinnendes Wesen an den Tag legte. Einladungen von Geschäftsfreunden konnte sie auch nicht ausschlagen, ohne ihren Mann damit schwer zu kränken. Obwohl Ute sich an vielen dieser langen Abende entsetzlich langweilte, widersprach sie nicht. Oder hätte sie sagen sollen, das Ganze sei einfach nicht ihre Welt?

Hintergrund

Vor ihrer Heirat war Ute selbst politisch aktiv gewesen – allerdings im anderen »Lager«. An eigenes politisches Engagement war aus Rücksicht auf die Position ihres Mannes nicht zu denken. Ute selbst hatte studiert und schweren Herzens auf ihre Arbeit bei einer parteinahen Stiftung in Berlin verzichtet. Nachdem sie sich dazu entschlossen hatte, stürzte sie sich mit Begeisterung in ihre Rolle als Frau und Mutter – übrigens mit demselben Perfektionstrieb, der ihr auch im Arbeitsleben eigen war. Doch nach und nach blieb unterm Strich zu wenig Kraft für sie selbst, zu wenig Erfolgserlebnisse oder (außerfamiliäre) Bestätigung. Obwohl Ute immerzu gefordert war! Ihr Mann Wolfgang war dies natürlich nicht weniger – aber er tat das alles mit Leidenschaft. Allerdings war ihm das nur möglich, weil Ute, wie es so wenig schön heißt, »ihm den Rücken frei« hielt.

Leben mit der Krise

Nun wurde alles anders. Wie schwer es vor allem den beiden Partnern fiel, mit der neuen Situation zurechtzukommen, lässt sich kaum beschreiben. Von den Problemen der Chemotherapie, die in Utes Fall zu Depressionen führte – das ist keineswegs immer der Fall – und den rein körperlichen Folgen der Brustoperation ganz zu schweigen. Was Wolfgang jedoch besonders schwer zu schaffen machte: Ute wurde regelrecht renitent. Dieser Mann jedoch liebt dezidiert sanftmütige, leise Frauen, auf dominantere oder gar aggressivere Züge bei seinen Ex-Beziehungen hatte er stets mit Rückzug oder gar Trennung reagiert.

Eine neue »schwierige« Persönlichkeit

Dieser Wesenszug führte zu einer großen Verunsicherung: Schon wieder erklärte ihm seine Frau rundheraus, sie hätte keine Lust, bei Dr. Pohlmann bei der Weinprobe zu hocken und dessen ewigen Monologen zu lauschen. Schließlich hätte sie nicht genug Zeit, um diese mit Nichtigkeiten zu vergeuden. Nein, Wolfgang könne gerne alleine zur Weihnachtsfeier des Bezirks gehen: Sie wolle lieber zu Hause bleiben und etwas Sinnvolles lesen. Natürlich war Utes Ruhebedürfnis schon aus gesundheitlichen Gründen ungemein groß. Nicht, dass Wolfgang diese Notwenigkeit nicht hätte nachvollziehen können. Nichtsdestotrotz erschreckte ihn die Aggressivität, mit der Ute seither um ihre Belange kämpfte. In kürzester Zeit holte Ute nach, was sie in all den Jahren zuvor an eigenen Entscheidungen versäumt hatte. Verständlich, dass es oft zu zermürbenden Streitereien kam, die, so fühlten es beide Partner, angesichts der Lage wirklich denkbar unnötig waren.

Druck und Stress

Zu all diesen Schwierigkeiten kam noch der beständige Druck, der auf ihnen allen lastete: Das Hin und Her zwischen Hoffen und Enttäuschung, zwischen Bangen und Hadern, warum es gerade »uns« getroffen hatte. Dennoch versuchten Ute und Wolfgang, sich zu beherrschen, denn die beiden Jungs sollten so wenig wie möglich spüren. Auch das gesellige Leben wurde erschwert. Alle anderen Freunde waren gesund und munter – jedenfalls schien es so – die hatten gut reden. So waren die *Stressoren* extrem zahlreich. In ihrer beider Wesensstruktur wiesen Wolfgang und Ute ohnehin wenig Talent zur Gelassenheit auf. Vielen Menschen hilft in einer solchen Situation der Glaube – doch ihnen war das nicht möglich. Nun kämpften sie, jeder für sich, um mit den neuen Lebensumständen zurechtzukommen. Neben seiner Wucht war dies auch ein schmerzlicher Prozess – ähnlich wie ein ganz neues Kennenlernen, das leider nicht nur schöne Dinge mit sich brachte. In bitteren Worten warf Ute Wolfgang großen Egoismus vor, weil er sie in ihrem Bedürfnis nach mehr Selbstständigkeit nicht unterstützt hätte. Vielleicht hätte sie dann nicht immer alles in sich hineingefressen. Gesund sei das nämlich nicht. Vielleicht sei es jetzt zu spät. Wolfgang war tief verletzt, dass Ute ihm quasi eine Mitschuld an ihrer Krankheit gab. »Aber du warst doch immer sicher und glücklich«, wandte er hilflos ein, obwohl er ahnte, dass dies mehr Wunsch als Realität gewesen war. »Sei doch nicht immer so böse zu mir«, meinte Wolfgang noch, »ich kann doch nichts dafür«. Ute war aufgebracht darüber, wie wenig gelassen ihr sonst so souveräner Mann mit der neuen Situation umging. Es schien, als trauere er den unbeschwerten Tagen hinterher. Aber tat sie das denn nicht auch? Natürlich. In jeder Hinsicht war Ute tief verunsichert: in ihrer Weiblichkeit, in ihrem Bewusstsein einer Zukunft, in der Sicherheit, der Körper sei ein stets funktionierender Begleiter. Oft war Ute sehr ungerecht gegen ihn, aber sie konnte sich selbst nicht helfen.

Burnout-Symptome

Beide zeigen Symptome, die unter einem solch intensiven inneren und äußeren Stress wahrscheinlich niemanden überraschen. Beide Partner sind erschöpft, deprimiert und entfernen sich mehr und mehr voneinander. Während Ute noch mit den Nebenwirkungen und Auswirkungen ihrer Krankheit zu kämpfen hat, verfällt ihr Mann in eine existenzielle Trauer, in ein Gefühl großer Sinnlosigkeit. Zum ersten Mal ist ihm etwas so Schlimmes geschehen. Noch nie zuvor war sein Vertrauen in die Zukunft derart erschüttert. Bis jetzt verlief sein Leben so gut, dass er sich selten mit echten Problemen konfrontiert sehen musste: Sie waren eine Bilderbuchfamilie, die in einem wunderschönen Haus lebte, geachtet in der Stadt, beliebt als Gesellschaft. Offenbar ist Wolfgang nicht daran gewöhnt, mit *Frustrationen* umzugehen. Sein *Anspruchsdenken* ist hoch – und jeder vermeintliche Rückschritt versetzt ihn in eine resignative Lethargie. Dabei begreift Wolfgang auch, wie hilflos er reagiert und wie sehr er auf die Unterstützung seiner Frau angewiesen ist. Doch Ute ist meist abgekämpft genug – und verständlicherweise so sehr mit sich beschäftigt, dass sie auf seine Probleme gar nicht erst eingehen will. Schließlich ist sie krank und nicht er! Manchmal neidet Ute ihm, dass er »nur« ihretwegen traurig und deprimiert ist: Im Gegensatz zu ihr muss Wolfgang nicht um sein Leben kämpfen. Mehr und mehr zieht Ute sich zurück. Sie wehrt ihren Mann ab. Und das trifft ihn ungeheuer.

Belastungstypen

Jeder Mensch bewältigt Stress anders. Und oft auch anders als man gedacht hätte: Wo manche Menschen Dauerstress durch Geduld, Kräfte-Ökonomie und eine langfristige Perspektive leichter bewältigen, kapitulieren andere schnell und versinken in Selbstmitleid, Lethargie und schließlich in depressiven Störungen. Wie kann man Belastungen am gesündesten bewältigen lernen? Ist man ein Mensch, der sich grundsätzlich zu viel zumutet, der mittels Perfektionstrieb, übermäßigem Engagement und wenig Gespür für die eigenen Grenzen so lange agiert, bis er seiner seelischen und körperlichen Erschöpfung ins Auge sehen muss?

Bestandsaufnahme

Darüber sollte sich jeder Mensch am besten schon *rechtzeitig* Gedanken machen, sprich: wenn man gesund ist. Besitze ich überhaupt die Fähigkeit, Entspannung, innere Ruhe oder *sinnvolle* Ablenkung von meinen Sorgen zu finden? Wie steht es wirklich um meine Kraftreserven? Im Alltag gehen die Bedürfnisse gerne unter. Alles wird auf später vertagt: auf nächstes Jahr, auf den Urlaub oder auf die Zeit im Ruhestand. Es ist jedoch sehr wichtig, diese Bedürfnisse wahrzunehmen und auch ein Stück weit mit in die Partnerschaft einzubeziehen. Meist fürchtet man sich, aus einem Rollenmuster auszuscheren und lässt die Durchsetzung eigener Wünsche lieber bleiben. Vor allem dann, wenn diese für den Partner eine Mehrbelastung oder Unbequemlichkeit mit sich bringen. Anstatt einen Konflikt zu riskieren, steckt man zurück. Harmonie ist nicht alles, vor allem nicht um jeden Preis! Ute tat nicht gut daran, sich so gänzlich vereinnahmen zu lassen. Denn nun fehlt ihr eine Basis ganz für sich allein, ein innerer Ort, der ihr in einer so schwierigen Situation Kraft geben könnte. Daher ist auch Wolfgang nun in die Pflicht zu nehmen. Er, der gerne so stolz sein Leben präsentierte, als sei dies alles allein sein Verdienst, muss nun mit seiner Schwäche zurechtkommen. Ebenso mit seiner relativ geringen

Belastbarkeit und seiner uneingestandenen Furcht, das Liebste – und dringend Benötigte – zu verlieren. Beide Partner müssen lernen – und sich vor allem wieder kennen lernen.

Perspektive von außen

Wir sehen hier zwei Menschen, die trotz aller Versuche, mit einer Situation angemessen umzugehen, mehr und mehr in eine seelische, körperliche und emotionale Erschöpfung taumeln. Sowohl die *aktuellen* Ereignisse (Krankheit und damit verbundene schwer wiegende Veränderungen) als auch die innere *Verfasstheit* der beiden (Überforderung, Unselbständigkeit, niedrige Frustrationstoleranz) tragen ihr Teil dazu bei. Wie leicht ist die Empfehlung gegeben, diese beiden Menschen bräuchten dringend Kraft. Doch woher sollten sie diese in einer solchen Situation nehmen? Was kann man denn tun? Das überlegen sich allmählich nicht nur die guten Freunde. Axel ist seit Jahren ein vertrauter Freund und Tennispartner und er hört Wolfgang zu, der so betrübt ist, weil Ute sich so sehr verändert hat. So schwierig sei das Leben mit ihr, launisch sei sie, aggressiv und ohne Freude. Zu verstehen ist der Kummer leicht, doch ihn zu ertragen ist eine ganz andere Sache. Und doch, daran gibt es auch für Axel keinen Zweifel, liebt Wolfgang seine Frau – ihr verändertes Äußeres ist für ihn kein so großes Problem wie ihre veränderte Persönlichkeit. Das kann Ute natürlich (noch) nicht glauben. Doris hingegen registriert mit Bedauern, dass Ute sich so stark zurückzieht und innerlich ganz starr wird. Die kranke Frau wünscht kaum Kontakt zu ihrer früheren engen Freundin – wie könnten denn auch gesunde Menschen bei aller Anteilnahme wissen, wie ihr zu Mute ist?

Selbsthilfegruppe

Eines Abends sagt Ute plötzlich: »Ich bin morgen Abend nicht da. Ein Patientenseminar wird im Klinikum abgehalten. Ich möchte mir das gerne mal ansehen.« Und wirklich, die in letzter Zeit so traurig wirkende Frau lächelt wieder ein ganz kleines bisschen. Ute fragt auch nicht, wie sie es früher getan hätte, ob Wolfgang an diesem Tag einen wichtigen Termin hätte. Sondern sie kündigt ihr Vorhaben an – diesmal aber mit ruhiger Stimme, nicht herausfordernd oder patzig wie sonst. Das freut ihn, denn er kann Unfrieden so schwer ertragen. Vor allem ist Wolfgang froh, dass Ute sich wieder zu irgendeiner Aktivität aufraffen kann. Als Ute am nächsten Abend zurückkommt, zeigt sie sich nachdenklich, aber wesentlich zugänglicher als in letzter Zeit.

»Weißt du«, erzählt Ute ihrem Mann, »es hat trotz allem gut getan, mit Menschen zu sprechen, die dasselbe erleben. Man muss sich nichts erklären. Vielleicht kann man ja gemeinsam besser zurechtkommen.« So viel hat sie ihm schon lange nicht mehr von ihren Gefühlen mitgeteilt. Wolfgang sieht das als ein gutes Zeichen. Ohne Frage ist er willens, seiner Frau das Leben leichter zu machen – auch indem er ihre begrenzten Kräfte nicht allzu sehr beansprucht. Dann geht er eben alleine zum Neujahrsempfang! Längst hat Wolfgang begriffen, dass er die Krankheit nicht wegschweigen kann. Doch es ist ihm sicher möglich, Voraussetzungen zu schaffen, dass Ute trotz allem wieder mehr Lebensqualität und Freude empfinden kann. Überdies schlägt Wolfgang ihr vor, eine Hilfe im Haushalt zu engagieren. »Dann hast du mehr Zeit für dich«. Ute weiß, wie schwer ihm solche Gedanken fallen, und nimmt sie als einen Anfang und vor allem als das, was es ist: Zeichen seiner Liebe. Daraufhin lehnt Ute ihre Wange an die seine und nimmt wieder seine Hand – eine liebevolle Geste, auf die ihr Mann Wolfgang lange gewartet hat.

Hilfe und Rat

In schweren Krisen neigt man häufig zum Einzelkämpfertum – auch weil man zum ersten Mal vielleicht begreift, wie sehr jeder Mensch auf sich allein gestellt ist. Mag die liebende Anteilnahme von Freunden und Partnern auch noch so groß und zur Unterstützung unabdingbar sein – *aushalten* muss man es immer selbst. Diese schmerzliche Einsicht wirkt zunächst deprimierend, häufig kann in dieser Schockphase ein verbitterter Rückzug die Folge sein. Ohne Zweifel durchläuft ein betroffener

Mensch nun schwierige Phasen, in denen er nur allzu oft dazu neigt, sich abzukapseln oder sogar dem Partner (stumme) Vorwürfe zu machen, weil dieser schließlich »das alles nicht durchmachen« muss. Fraglos eine bittere Zeit – die je nach Charakterveranlagung für beide Parteien äußerst desillusionierend sein kann: So manche scheinbar stabile Harmonie entlarvt sich in der Not als nicht besonders belastbar – aber auch umgekehrt können sich ungeahnte Nähe und ein tiefes Liebesgefühl aus solch existenziellen Situationen entwickeln. Besonders wichtig dabei ist, dass man auch diese Phasen auf dem Weg zur Akzeptanz der Realität und allmählicher Wiederannäherung an sich und vor allem am anderen *annimmt*. Auch wenn Utes Reaktion in ihrer Heftigkeit auf Wolfgang verletzend wirkte: Ein kranker Mensch hat in jedem Falle unser Verständnis, wenn er seine »gefährdete Zeit« sinnvoller verbringen möchte als in einer Gesellschaft, die wenig Kraft und Unterstützung geben kann. Ute tut es sicher besser, sich in ihrer Selbsthilfegruppe zu engagieren, als ihren Mann zur Sitzung der Rotarier zu begleiten. Sie kann anderen Frauen mit derselben Diagnose vielleicht helfen, da sie deren Verzweiflung und dann auch wieder Hoffnung buchstäblich am eigenen Leibe erfahren hat. Vielleicht ist Ute auch damit wenigstens ein Stück weit geholfen. In jedem Fall ist hier für beide Partner ein Umdenken und Hinterfragen der bisherigen Erwartungen und Positionen notwendig. Fachliche Hilfe kann zusätzlich einen Beitrag dazu leisten, jene erste schwere Phase (Schock, Kampf, Umstellung) und das gezielte Verändern bestimmter hemmender Umstände (überhöhte Erwartungen, enttäuschte Hoffnungen etc.) zu erleichtern.

Therapeutische Hilfestellung

Jede plötzliche Erkrankung, vor allem die Diagnose einer lebensgefährlichen Erkrankung, ist wie ein Schock – die Welt bleibt einen Moment lang stehen und alles wird infrage gestellt, auch das gesamte bisherige Leben. Fragen nach dem Sinn, nach verloren gegangenen Träumen, Gefühle von Angst, Wut und Trauer wechseln sich ab und der Kranke fühlt und

»macht« sich sehr oft allein. Das ist ein ganz normaler Prozess und es ist wichtig, ihn zu erleben. Darüber hinwegzuschauen und so zu tun, als ginge das Leben irgendwie weiter, kostet Kraft und führt zu Resignation und hilfloser Erschöpfung. Ute muss wieder lernen, auf sich zu blicken statt sich zu verleugnen, sie muss wieder lernen zu fordern statt zu verzichten. Neben selbsthygienischen Maßnahmen wie gesunder Lebensführung und guter ärztlicher Begleitung muss sie sich eine Selbsthilfegruppe suchen und mit ihrer Familie regelmäßige Familienkonferenzen abhalten, in der jeder offen über seine Gefühle sprechen kann.

Perfektionismus und Leistung

Anke, 35, so necken ihre Freundinnen liebevoll, ist wirklich die ungekrönte »Stresskönigin«! Warum? Es scheint, als wüsste auf der ganzen Welt nur ein einziger Mensch, nämlich Anke, was Stress wirklich bedeutet! Diese Frau sollte es ganz genau wissen, weil sie sich andauernd so intensiv mit dem Thema beschäftigt. Im Berufsleben wird das besonders deutlich: Auf dem Schreibtisch der Werbegrafikerin stapeln sich Konzepte und Ordner, doch was bei anderen ein mehr oder minder normales Pensum ist, bringt Anke regelmäßig an den Rand des Nervenzusammenbruchs. Kein Wunder – sie erledigt jeden Arbeitsschritt nicht nur äußerst gründlich, sondern fast über die Maßen penibel.

Ich bin für alles verantwortlich

Auf die Schnelle einen Entwurf für das neue Auto-Logo präsentieren? Um Gottes willen, das macht mich echt fertig! Hier muss noch ein Slogan hin! Hat sich denn das ganze Büro heute gegen mich verschworen? Die Druckerei macht mich noch ganz verrückt … So geht Ankes Lamento tagaus, tagein. Dennoch ist sie an ihrem gehetzten Zustand nicht ganz unschuldig, denn oft reißt sie die Arbeit förmlich an sich, wobei sie immerzu ihre Erfahrung und Genauigkeit betont. Manchmal kann sich das Team der Ungeduld kaum erwehren. Wenn es nach den anderen ginge, würde man diese nervöse Mitarbeiterin für ganz besondere Aufgaben »schonen«. Auf Anke verzichten kann man nämlich nicht, dazu ist sie zu begabt. Immer wieder muss man ihren Ideen sowie der Durchführung größte Achtung zollen. Wenn Anke nicht nur immer so schrecklich gestresst reagierte! Allmählich ärgert es ihre Kollegen, dass allein Anke so etwas wie Arbeitsbelastung zu kennen glaubt. Ihr habt ja ohnehin keine Ahnung, scheint ihr gequältes Lächeln zu besagen, ihr habt ja offenbar Zeit für alles. An mir bleibt eben doch das Meiste hängen. Kino? Sehr gelacht. Wer soll denn die Imagebroschüre für Peters & Peters planen?

Das schafft die Inka doch nie! »Natürlich bist du total erledigt, wenn du partout keine Arbeit abgeben kannst«, heißt es im Freundeskreis ziemlich verständnislos. Schließlich könnte doch alles viel einfacher sein für – und nicht zuletzt mit – Anke. Oder etwa nicht?

Freischaufeln und Co.

Was immer Anke Tag für Tag geschieht, es ist buchstäblich *alles* mit Stress verbunden. Dabei ist ihr so mancher Stressfaktor bis dato erspart geblieben: Sie führt eine einigermaßen harmonische Wochenendbeziehung mit Nick, Kinder waren bis jetzt noch nicht geplant. Wahrscheinlich – so vermutet es jedenfalls Regina, die als Mutter eines Kleinkindes weiß, wovon sie spricht – würde Anke durchdrehen. Was Anke jedoch für sich reklamiert, kann sie anderen nur schwer zugestehen. Nur unwillig mag sie akzeptieren, dass es auch andere Menschen in ihrer Umgebung geben könnte, die überfordert sind. Ebenso wenig kann Anke zwischen eher positivem (*Eustress*) und negativem Stress (*Distress*) unterscheiden. Für Anke hat beinahe alles, was geschieht, eine *negative* Auswirkung. Noch die kleinste Forderung ist dazu angetan, ihr die spärlich bemessenen Kräfte zu rauben. Dabei will Anke alles perfekt machen, so absolut vollkommen, wie nur sie es zu beherrschen glaubt. Kein Wunder, dass Anke auch nicht versäumt, ständig das Vokabular eines gestressten Workaholics im Munde zu führen: »Ich musste mir gestern die halbe Stunde Frisör freischaufeln! Du hast ja viel mehr Zeit! Ich hab schon Magenschmerzen, wenn ich morgens den Rechner anschalte. Was, Du willst das Konzept mit mir durchgehen? Ich hab das schon fertig, jetzt hätte ich ohnehin keine Zeit dafür.« »Anke gehört zu den Menschen, die einem stundenlang erzählen können, sie hätten überhaupt keine freie Minute«, meint ihre beste Freundin Regina, »die macht sich wirklich völlig fertig«. Wie wär's mal wieder mit einer Woche Toskana zu Pfingsten? »Das wäre herrlich, aber…«, seufzt Anke.

Anke, die Tausendprozentige

Vielleicht betreibt Anke eine Art »Präventivstress«. Indem sie sich bei jeder Gelegenheit als bereits am Ende ihrer Kräfte darstellt, versucht sie paradoxerweise, einer vermeintlichen Überforderung ausweichen. Wie vielen anderen ist ihr gar nicht bewusst, dass das Argument »Stress« seine Wirkung nicht verfehlt. Denn ein gestresster Mensch muss zwangsläufig übermäßig fleißig und kompetent sein! Wer sich keine freie Minute gönnt und sich viel stärker engagiert als andere, sollte nicht mit unnötigen Zumutungen behelligt werden. So oder ähnlich äußert sich Anke schon seit Jahren. Ein Außenstehender kann daher auch kaum unterscheiden, wo es sich in ihrem Fall primär um »gefühlten« oder »echten« Stress handelt. Leider ist dies auch bei weniger extremen Charakteren nicht mit Entschiedenheit zu klären.

Stress als Leistungsnachweis

Das Pensum, das der eine ohne weitere Probleme leistet, kann einen anderen wiederum vor eine unüberwindliche Herausforderung stellen. Das Thema »Überforderung« ist meist eine *subjektive* Angelegenheit. Darüber hinaus haben Studien gezeigt, dass Stress mittlerweile nicht nur salonfähig, sondern auch quasi als »Leistungsnachweis« unabdingbar geworden ist und stets signalisiert, dass man bereits mehr als genug tut.

Misstrauisch beäugt Anke die Projektverteilung. Am liebsten würde sie keinen einzigen Arbeitsschritt aus der Hand geben. Schon oft nämlich war Anke mit der Gestaltung der anderen total unzufrieden. Häufig hatte sie das Gefühl, dass ihre Kollegen der Wichtigkeit der Aufgabe nicht gerecht geworden seien – was erst recht an ihren Nerven riss. Doch falls jemand seinen Part gut macht, ist es Anke auch wieder nicht recht: Sehr schnell fühlt sie sich als misstrauische Person kontrolliert oder gar ausgebootet. Um nur ja nicht benachteiligt zu werden, versucht sich Anke in jedem Wettbewerb besonders gut zu positionieren. Schließlich möchte sie genauso anerkannt werden wie die anderen. Statussymbole der Kollegen werden ebenso genau registriert wie deren jeweiliger Wohlstand. Obwohl natürlich auch Anke gut verdient, ist sie oft sehr unzufrieden. Wegen Kleinigkeiten fühlt Anke sich benachteiligt, ungerecht behandelt, weniger beachtet als Frau X – und *gestresst*.

Anspruchsdenken

Auch wenn Anke durch ihre Veranlagung vieles übertreibt – bestimmte Grundvoraussetzungen für Stress sind bei vielen anderen Menschen ebenso entwickelt. Dies haben unter anderem wirtschaftswissenschaftliche Studien ergeben. Das *Anspruchsdenken* in den Industrienationen ist äußerst hoch, der Nachbar wird zum Maßstab dessen, was man mindestens haben möchte. Geht dieser »Wettbewerb« zu den eigenen Ungunsten aus, fühlt man sich schnell frustriert und tendiert dazu, sich als benachteiligt zu sehen. Diese Art Stress kann als eine Art Zivilisationskrankheit bezeichnet werden. Wenn dann noch, wie wir bei Anke sehen, bestimmte Wesenszüge oder gewisse seelische »Risikofaktoren« hinzu kommen, so setzt sich der Mensch vollkommen unter Druck. Doch den Betroffenen ist dies natürlich nicht bewusst. Sie möchten um jeden Preis mithalten.

Schein und Sein

Einerseits ist Anke durchaus selbstsicher im Verteidigen ihrer fragilen Verfassung. Sie kann auch unangenehm werden, wenn sie sich in die Ecke gedrängt fühlt. Anke versäumt nicht, bei jeder Gelegenheit zu betonen, wie *sensibel* sie sei. »Das sollte sie doch besser mal den anderen überlassen«, stöhnt Regina, die manchmal nicht mehr weiß, ob sie darüber weinen oder lachen soll. Natürlich mag sie Anke, die durchaus originell und eigenwillig ist – aber eben auch ziemlich anstrengend. Warum muss sie so tun, als könne sich die Welt nicht ohne sie drehen, warum erzählt sie allen pausenlos von ihren abertausend Pflichten? Anke trägt ihren Stress wie einen Schutzschild vor sich her. Nach Jahren solchen Verhaltens ist es nur natürlich, dass die innere Erschöpfung zunimmt und die Kraftreserven allmählich aufgebraucht sind. Dies ist ein verhängnisvoller Kreislauf, der oft in einem Burnout-Syndrom endet.

Geringe Kompetenzerwartung

In Wirklichkeit ist Anke ein eher unsicherer Mensch, der andauernd befürchtet, seine Aufgaben nicht bewältigen zu können. Daran ändert auch nichts, dass dieser Fall bis jetzt noch nicht eingetreten ist. Obwohl Anke für ihren Beruf in jeder Hinsicht prädestiniert ist, tut sie sich besonders in den Anfangsphasen der Projekte schwer. Der kreative Prozess fällt ihr nicht leicht, denn dieser ist extrem störbar. Das Kleinste und Unwichtigste kann alles durcheinander bringen. In dieser Hinsicht ist Anke tatsächlich sehr sensibel. Noch jedes Mal aber konnte sich das unter großen Schwierigkeiten geborene Ergebnis sehen lassen. Dennoch fürchtet sich Anke immer wieder vor dem Scheitern. In solchen Phasen tigert sie hektisch durch das Büro, macht dabei alle anderen nervös und jammert, dass sie es bestimmt nicht schafft. Keine Chance! Auch nach viel gutem Zureden beruhigt sich die Grafikerin nur schwer. Offenbar ist dieses Verhalten Teil ihrer schöpferischen Arbeit.

Kunst und Perfektion

Eine abweichende Nuance einer Schriftgröße oder eine undurchdachte Lösung kann die junge Frau zutiefst deprimieren. Sie kann es schon kaum ertragen, ein Projekt als wirklich fertig aus der Hand zu geben. Es könnte ja sein, dass sie in letzter Minute eine noch bessere Lösung fände. Unter Änderungen, die nicht ihrer Arbeitsphilosophie entsprechen, leidet Anke fast körperlich. Was diese Dinge anbetrifft, hat Anke einen absoluten Anspruch an sich selbst. So verwundert es auch nicht, wenn sie alle neuen Aufgaben ängstigen. Andere könnten mit einer 99%en Lösung auch gut leben. Nicht so Anke. Alle Mitarbeiter kennen Ankes stets aufs Neue, vorgebrachte Credo: Kunst brauche Freiräume, sie wolle über die Konzeption alleine entscheiden, sie sei immer noch nicht zufrieden und müsse doch schon abgeben. Kein Zweifel – einer Perfektionistin wie Anke macht so etwas schrecklich zu schaffen.

Externale Kontrollüberzeugung

Abgesehen von den Momenten höchster Konzentration, in denen Anke glücklich und produktiv ist, sieht sie sich eher als kleines Rädchen in einem großen, alles überwältigenden Getriebe. Ihrer Empfindlichkeit ist diese Welt eine Bedrohung. Sehr leicht fühlt Anke sich kontrolliert und fremd bestimmt – im Sinne von überfordert. Das kann bereits eine spontane Einladung zum Essen sein, ein Museumsbesuch ebenso wie eine kurzfristig angesetzte Teambesprechung. Ansprüche ihres Freundes Nick, sich öfter zu sehen, weist Anke patzig und fast panisch zurück. Ihr ist das alles zu viel! Eines Tages wird sich Anke, wenn sie so weiter macht, in einen gefährlichen Erschöpfungszustand hineinmanövrieren.

Präventivstrategien

Wahrscheinlich muss Anke mehr Kraft für den Alltag aufbringen als viele andere Menschen, da sie ja ständig dazu neigt, ihre Ressourcen überzustrapazieren. In ihrem Falle wäre ein Umdenken notwendig, das Schritt für Schritt zu einer *bewussteren* Haltung führen kann. Bevor es so weit ist, muss sich jedoch der Leidensdruck erst entsprechend erhöhen. Ankes innerstes Wesen, nicht zuletzt der Motor ihrer Kreativität, wird sich dabei nicht unbedingt gravierend ändern. Jedoch ein so immenser subjektiv empfundener innerer Druck, wie er sich in ihr aufgebaut hat, benötigt bestimmte Gegengewichte. Anke könnte als Entspannungseinstieg eine auf Zen basierende Meditation helfen, um zu mehr Gelassenheit zu kommen. Was Führungseliten täglich praktizieren, kann Anke ebenfalls. Auch in ihrem Fall ist aller Anfang unspektakulär – wenn auch schwer zu leisten: ein produktives Nachdenken über sich selbst und den Umgang mit der verfügbaren Kraft.

Innen und außen

Um eine kritische Bestandsaufnahme kommt kein von Burnout bedrohter oder betroffener Mensch herum. An dieser Stelle möchten wir Anke ein paar wesentliche Fragen ans Herz legen. Ziel dieser Fragen ist keineswegs die Bestätigung eines bereits hundertmal wiederholten Themas (*Ja, natürlich bin ich überfordert. Das hab ich euch doch schon tausendmal gesagt!*), sondern sie dienen primär dazu, sich selbst auf die Spur zu kommen. Wo sitzen Verdrängungsmechanismen? Wo soll um jeden Preis ein Bild gewahrt bleiben (*mich muss man schonen*) und warum? Je nach Schwere und Dauer der Probleme wird die Antwort nicht ohne fachliche Unterstützung möglich sein. In anderen Fällen kann der Hausarzt, der bei seinen Patienten einen Burnout diagnostiziert, oder ein gutes Gespräch mit einem nahen Freund oder Partner Erste Hilfe leisten. Zunächst aber wird sich rasch klären müssen, ob ein Betroffner wirklich *gesprächsbereit* ist. Das bedeutet, keinen resignierten Monolog zu führen, sondern ernsthaft Kritik und Außenperspektiven zuzulassen! Wie steht es um die *Ehrlichkeit*, Probleme zuzugeben, die sich unter Umständen hinter einer permanenten Überforderung verbergen können? Oder sind, wie so oft, ausschließlich die »bösen Anderen« daran schuld? Ein Mensch, der zu einer echten Auseinandersetzung nicht fähig ist, tendiert dazu, sich von anderen zu isolieren und somit noch tiefer in seine oft negativ-resignative Weltsicht abzugleiten. Darin besteht alles aus Bedrohung – vor allem die von Körper und Psyche ausgesandte Aufforderung, bestimmte Dinge zu *ändern*. Nichts anderes bedeutet auch der Burnout: Nachdem andere körperliche und seelische Signale übergangen und oft gewaltsam ignoriert wurden, droht nun das System zusammenzubrechen. Das lässt sich auch als klare Aufforderung zur *Selbstkritik* interpretieren. Nur auf diese Weise kann man mit der Zeit wieder gesünder und belastbarer werden. Doch will man das wirklich?

Wie steht es um die Leistungsstruktur?

Wie bei Anke geschehen, spielt auch bei vielen anderen Betroffenen die physische und psychische Veranlagung weit in die berufliche Dimension hinein. Ganz offenbar hat Anke große Probleme, den Begriff Leistung für sich und andere *sinnvoll* zu definieren und gegenüber der »tagesaktuellen« persönlichen Verfassung ein Stück weit abzugrenzen. Ein Büro kann sicher einen oder mehrere hoch begabte schwierige Mitarbeiter ertragen – aber eben nicht mehr, sonst entsteht mit Sicherheit kein kreatives, sondern ein kontraproduktives Chaos. Was bedeutet *Leistung* in Ankes Fall? Ist es buchstäblich *alles*, was sie tut – sprich, sich morgens aus dem Bett quälen, den Stress im Nahverkehr aushalten, sich mit Rowdys auf den Autobahnen herumärgern – so dass man, überspitzt gesagt, bereits an der Grenze seiner Leistungsfähigkeit ist, bevor man überhaupt angefangen hat? Ihre Wortwahl ist hierbei auch zu berücksichtigen: Es gibt genügend Menschen, die tatsächlich ihren Tagesablauf so schildern, als müssten sie in ein Bergwerk einfahren. Man kann sich auch in Stress reden und nach und nach dementsprechend ausgelaugt empfinden!

Sich unangenehmen Fragen stellen

Was wird denn Tag für Tag *wirklich* abverlangt? Sind es Routineabläufe oder handelt es sich um unliebsame spontane Improvisationen, weil z.B. Mitarbeiter fehlen? Inwieweit, wann und unter welchen Umständen neige ich vermehrt dazu, mich überfordert zu fühlen? Ist diese Überforderung real oder eine Art *Schutzmechanismus*, hinter dem ich paradoxerweise ein wenig Ruhe finden kann? Inwieweit bin ich es selbst, der oder die sich (andauernd) überfordert? Was will ich (damit) erreichen? Sehe ich die *Qualität* meiner Leistungen wirklich unvoreingenommen? Überfordere ich mich selbst? Was erwarte ich selbst von mir? Perfektion oder In-Ruhe-Wursteln? Was erwarten die anderen, meine Mitarbeiter, Kollegen, Freunde, Kinder und Partner? Was *dürfen* sie auch ganz legitim erwarten – und wäre ich bereit, dies ohne allzu viele Klagen zu leisten? Oder besteht die Überforderung aus punktuellen Stresssituationen wie Termindruck oder problematischer Teamarbeit? Was kann ich in einem solchen Fall konkret dazu beitragen, Dinge zum Positiven hin zu verändern? Mit welcher Person muss ich gezielt das Gespräch suchen? Habe ich konstruktive Ideen, bin ich zu persönlichem Einsatz bereit? Oder ich gehöre auch zu jenem weit verbreiteten »Mamüma-Typ«: »Man müsste mal dies und jenes tun ...«, aber »man« bedeutet niemals man selbst. Veränderungen jedoch fangen bei jedem Einzelnen selbst an. Wer stets auf die anderen wartet, auf dass sie den ersten Zug tun, wird lange sitzen bleiben – und weiter gestresst jammern.

Rhythmus finden

Falls Sie, liebe Leser, spontan drei Menschen aus Ihrer Umgebung nennen sollten, die einen positiven Lebensrhythmus leben, werden Sie sich wahrscheinlich gar nicht so leicht tun. Ohne jedes esoterische Brimborium meinen wir damit nicht nur Gesundheit, seelische Gelassenheit, sondern auch den *ausgeglichenen* Wechsel von Arbeit und Freizeit. Was mache ich in meiner Freizeit? Versuche ich alles mögliche hinein zu packen, alle Aktivitäten auf das Wochenende zu legen? Wo bleibt in meinem Leben die Besinnung auf wesentliche Dinge? Das Nachdenken, das Träumen, die *konzentrierten* Sinne? Oder lese oder esse ich, während der Fernseher läuft, spiele ich geistesabwesend mit den Kindern? Schlafe ich mit meinem Partner, während mir denkbar banale Pflichten im Kopf umherschwirren? Alles Dinge, die nur phantasielosen Pragmatikern vernachlässigbar erscheinen. Doch diese sind immens wichtig, weil sie unser *kreatives Potenzial* stärken und uns eine gute *Balance* erst ermöglichen. Bei einem Burnout ist genau diese Balance schwer gestört. Wie kann ich mich vor übermäßigem Verbrauch von Ressourcen schützen? Ganz klar: Die Natur macht es uns vor – indem wir Vorräte für harte Zeiten anlegen. Der Besuch eines Symphoniekonzerts kann tiefe Freude verleihen, ein guter Film beflügeln. Ein Abend mit Freunden schenkt wieder Lachen und ein Gefühl der Geborgenheit. Zeit mit der Familie zu verbringen, kann Kraft spenden. Aus einer individuellen Mischung dieser Ingredienzien lassen sich Kraftreserven anlegen. So können wir zeitweise mit Extremen besser umgehen und finden wieder zu innerer Balance. Die brauchen wir alle.

Veränderungen

Spekulieren Sie bitte nicht auf den großen, alles umwälzenden Umbruch. Sehen Sie gelassen zu, was eigentlich Tag für Tag machbar ist. Einmal angestoßen, gewinnen die Entwicklungen ohnehin an Eigendynamik und beschleunigen sich. Denken Sie stets in kleinen Etappen: das für den *Tag* Vorgenommene, das für *heute* Zugesagte, das wenige, aber beharrlich Durchgesetzte. Wie sich der Raubbau erst allmählich manifestierte, so wird es auch das Kräftesammeln erst über einen gewissen Zeitraum hinweg tun. Wir wünschen Anke – und natürlich allen Burnout-Betroffenen – dass ihnen allen die Existenz und Notwendigkeit eines Kraftreservoirs wieder bewusst werden möge – das ist bereits ein produktiver Anfang. Viel Glück dabei!

Therapeutische Hilfestellung

Anke unterscheidet sich von den anderen Personen, denen wir hier begegnet sind: Sie ist kein »echter Ausbrenner«, denn sie hat nie gelodert. Ihr Stress ist, dass sie glaubt, Stress haben zu müssen, den sie wie ein Aushängeschild vor sich herträgt. Vermutlich glaubt sie, sich als stressgeplagte Frau zeigen zu müssen, weil sie sonst nichts wert ist nach dem Motto: »Sage mir, wie ausgebrannt du bist und ich sage dir, wie wichtig du bist.« Eine solche Überzeugung kann sehr anstrengend sein und paradoxerweise zu einem Gefühl des Ausgelaugtseins bis hin zum Burnout-Zustand führen. Anke sollte eine Situationsanalyse vornehmen mit besonderem Augenmerk auf ihre Selbsteinschätzung (Was bin ich wert?), ihre geistige Leistungsfähigkeit, ihre seelische Stabilität und ihre sonstigen psychosozialen Bedingungen. Möglicherweise bedarf sie zur genauen Klärung und Veränderung einer professionellen Krisenintervention.

Literatur

Kolitzus, Helmut: Das Anti-Burnout-Erfolgsprogramm, Gesundheit, Glück und Glaube, München 2003

Ruthe, Reinhold: Wenn's einfach nicht mehr weitergeht. Strategien gegen Stress, Arbeitssucht und Burnout, Moers 2003

Hesselfors Persson, Kerstin: Am Ende der Kraft beginnt ein neuer Weg. Eine Frau erlebt den Burnout, Mannheim 2002

Maslach, Christina/Leiter, Michael P.: Die Wahrheit über Burnout. Stress am Arbeitsplatz und was Sie dagegen tun können, Hamburg 2001

Rush, Myron: Brennen ohne auszubrennen. Das Burnout-Syndrom – Behandlung und Vorbeugung, Asslar 2000

Koch, Axel/Kühn, Stefan: Ausgepowert? Hilfen bei Burnouts, Stress, innerer Kündigung, Offenbach 2000

Burisch, Matthias: Das Burnout-Syndrom, Theorie der inneren Erschöpfung, Hamburg 1994

Freudenberger, Herbert/North, Gail: Burn-out bei Frauen. Über das Gefühl des Ausgebranntseins, Frankfurt 1994

Danke

Mein Dank gilt vor allem Dr. Caroline Rusch, ohne die das Buch nicht hätte entstehen können, Diplompsychologin Daniela Wiesemborski, mit der ich selbst in Momenten von großem Arbeitsdruck lachen konnte und meiner Lektorin Heike Neumann, die mir die Arbeit mit ihrer fachlichen Kompetenz und ihrem Humor so leicht wie möglich machte.

Bibliografische Information Der Deutschen Bibliothek
Die Deutsche Bibliothek verzeichnet diese Publikation in der Deutschen Nationalbibliografie; detaillierte bibliografische Daten sind im Internet über http://dnb.ddb.de abrufbar.

Kreuz Verlag, Stuttgart
in der Verlagsgruppe Dornier GmbH
Postfach 80 06 69, 70506 Stuttgart

www.kreuzverlag.de
www.verlagsgruppe-dornier.de

Umschlagbild und Umschlaggestaltung: P.S. Petry & Schwamb,
Agentur für Marketing und Verlagsdienstleistungen
Foto der Autorin: Teutopress/Patrick Poch
Satz: de·te·pe, Aalen
Druck: Clausen & Bosse, Leck

ISBN 3-7831-2513-8